U0013802

Lead Fearlessly, Love Hard:

Finding Your Purpose and Putting It to Work

無畏的領導，堅定的愛

一位美國高中校長翻轉教育的成功故事

琳達・克萊特－威曼（Linda Cliatt-Wayman） 著
侯秋玲 譯

Lead Fearlessly, Love Hard:
Finding Your Purpose and Putting It to Work

紀念夢娜．克萊特（Mona Cliatt）

我的母親

謝謝您提供安卓雅、丹妮絲和我領導的基礎工具：

信仰、愛與教育

《大眾心理學叢書》出版緣起

王榮文

一九八四年，在當時一般讀者眼中，心理學還不是一個日常生活的閱讀類型，它還只是學院門牆內一個神祕的學科，就在歐威爾立下預言的一九八四年，我們大膽推出《大眾心理學全集》的系列叢書，企圖雄大地編輯各種心理學普及讀物達三百多種。

《大眾心理學全集》的出版，立刻就在臺灣、香港得到旋風式的歡迎，翌年，論者更以「大眾心理學現象」為名，對這個社會反應多所論列。這個閱讀現象，一方面使遠流出版公司後來與大眾心理學有著密不可分的聯結印象，一方面也解釋了臺灣社會在群體生活日趨複雜的背景下，人們如何透過心理學知識掌握發展的自我改良動機。

但三十年過去，時代變了，出版任務也變了。儘管心理學的閱讀需求持續不衰，我們仍要虛心探問：今日中文世界讀者所要的心理學書籍，有沒有另一層次的發展？

在我們的想法裡，「大眾心理學」一詞其實包含了兩個內容：一是「心理學」，指出叢書的範圍，但我們採取了更寬廣的解釋，不僅包括西方學術主流的各種心理科學，

也包括規範性的東方心性之學。二是「大眾」，我們用它來描述這個叢書的「閱讀介面」，大眾，是一種語調，也是一種承諾（一種想為「共通讀者」服務的承諾）。

經過三十年和三百多種書，我們發現這兩個概念經得起考驗，甚至看來加倍清晰。但叢書要打交道的讀者組成變了，叢書內容取擇的理念也變了。

從讀者面來說，如今我們面對的讀者更加廣大、也更加精細（sophisticated）；這個叢書同時要了解高度都市化的香港、日趨多元的臺灣，以及面臨巨大社會衝擊的中國沿海城市，顯然編輯工作是需要梳理更多更細微的層次，以滿足不同的社會情境。

從內容面來說，過去《大眾心理學全集》強調建立「自助諮詢系統」，並揭櫫「每冊都解決一個或幾個你面臨的問題」。如今「實用」這個概念必須有新的態度，一切知識終極都是實用的，而一切實用的卻都是有限的。這個叢書將在未來，使「實用的」能夠與時俱進（update），卻要容納更多「知識的」，使讀者可以在自身得到解決問題的力量。新的承諾因而改寫為「每冊都包含你可以面對一切問題的根本知識」。

在自助諮詢系統的建立，在編輯組織與學界聯繫，我們更將求深、求廣，不改初衷。

這些想法，不一定明顯地表現在「新叢書」的外在，但它是編輯人與出版人的內在更新，叢書的精神也因而有了階段性的反省與更新，從更長的時間裡，請看我們的努力。

國外名人推薦

✹琳達・克萊特—威曼是決心與可能性的高壓電波，每天不斷的對學生說：「如果今天沒有人告訴你他們愛你，記得我愛你，而且我會永遠愛你。」她寫道：「所有孩子都會奮發向上，達到我們的期望。」她的書，是給那些想要幫助孩子達成目標的人，絕佳的參考地圖。

——Diane Sawyer，ABC世界新聞主播

✹琳達・克萊特—威曼是其他學校領導者用以衡量自己的典範，她展現的是：如果你能夠帶著堅定的信念、清晰的思維，以及最重要的，對學生的愛，持續不懈的領導學校，那麼，沒有任何阻礙會大到無法克服，而學生的潛力發展也不會有極限。

——Michael Spangenberg，亮水小學代理主管

✹ 這是一個勇敢、非凡的領導故事，帶著傳達希望的強烈意圖，不只是給書裡的學生，同時也給所有選擇閱讀這個故事的人們，帶來希望。《無畏的領導，堅定的愛》保證帶給讀者一個近距離見證的機會，看見愛、人性以及堅定不移的服務奉獻能夠如何改造今日世界的任何一個地方。

——Jerome Allen，助理教練，波士頓塞爾提克隊

✹ 琳達．克萊特—威曼，這位頑強、百折不撓的校長，眾人皆知她是一位翻轉學校的專家，最有名的是她對學生強烈的愛。她在這本書裡，盡情傾吐她在拯救和強化費城一所不只受到忽略、甚且受到攻擊的社區高中的過程中，所經歷的種種困難、挑戰、焦慮和掙扎，在這其中，她論述強大的領導力要訣，找出驅動組織改變的關鍵因素，而且自始至終，她都在提醒我們為什麼社區公立高中是值得努力奮鬥的。

——Jerusha O. Conner，教育系助理教授，維拉諾瓦大學

✸威曼校長為了孩子們而努力和領導的堅定信念，是無人能比的。她的經驗，以及她對於學生傑出表現的堅持毅力與投入奉獻，使得她成為一位史無前例的領導者，永遠從愛出發來領導學校！

——Anna Shurak，前任校長，羅德斯女子領導學校

推薦文

以愛承擔，用心領導

嘉義縣立竹崎高中校長　**郭春松**

承擔是一種態度，也是一股勇氣，更是一個承諾。

在琳達校長身上，我看見了願景的領導、理念的堅持、責任的承擔，以及教育場域中無畏懼的愛。琳達校長無畏的領導決心及對學生無條件的愛，是各界領導人的典範，她的魄力經營，成功翻轉三所被標為「低水準、持續危險」的學校，更是校長們的楷模。

琳達校長無畏的領導三大準則之一：「如果你要領導，就要好好領導。」成為校長是自願的承擔，承擔著校長頭銜所產生的責任，承擔著學校所代表的一切，不論好與壞。當我承擔竹崎高中的領導責任，我知道承擔是一種態度，承擔也是一股勇氣，承擔更是一個承諾。「我深愛竹崎高中以及她所代表的一切。」我清楚經營一所完全中學有著她特有的美麗與哀愁，再加上地處非山非市的臺三線，又有鄰近嘉義市區公私立高中職的強力磁吸，但竹崎高中卻能扭轉諸多劣勢，不只留住臺三線上的學生就近入學，更能吸引嘉義市區，乃至於全國各地的學生前來竹崎高中讀書、打球、學藝術、玩科學。當竹崎高中能夠獲教育部遴選為 108 課綱前導學校，並成為雲嘉地區 108 課綱具體實踐的分享者，我想這是全體師生同行共好的喜果。時常有人問我說為什麼竹崎高中可以，我時常分享志龍主任在一次候用校長拜訪學校過程中說的一句話作為我的回答：「每天叫醒校長的是夢想。」即使營造一所小而美且幸福的學校需要大家的同行共好，即便成就每一個小孩是一辛苦的歷程，但我相信「辛苦是值得的幸福」。琳達校長可以，我也願意全力以赴，用堅定的愛，攜手親師生，繼續前行。

琳達校長無畏的領導三大準則之三：「如果今天沒有人告訴你他們愛你，你要記得我愛你，而且我永遠都愛你。」琳達校長愛她的學生，並且相信學生有無限可能。當我承擔竹崎高中的領導責任，「珍視學生，猶如親生」是我面對孩子的態度，也是對家長的承諾。我自己的兒子也在竹崎高中從國中三年級讀到高中畢業，他的感受應該是這個態度和承諾的最佳詮釋。記得有一次在校長室，一群主任問他說，你爸常說「珍視學

生，猶如親生」，你有什麼看法。兒子說，我爸根本不是「珍視學生，猶如親生」，我爸是「珍視學生，勝過親生」。或許兒子有些吃味，但每個孩子都是我珍視的對象，愛從每天進校門口的那張笑臉開始，一個招手，一聲早安，甚至是雨中的一把雨傘，我想讓孩子知道，有一個人始終關心他們，歡迎他們，無條件地給予問候和關懷。

興達建設陳金樹總經理在竹崎高中創校六十四週年校慶典禮上致詞，他說竹崎高中就像是一所魔法學校，什麼樣的夢想都有可能被實現，因為這裡有一個魔法校長。我想我不是魔法校長，我只是努力構築一個又一個的圓夢平臺，讓每一個師生的夢想都有可能被實現。

在琳達校長身上，我看見她以愛承擔，用心領導，她愛她所經營的三所學校，她愛她的學生。身為竹崎高中校長的我，我深愛竹崎高中以及她所代表的一切。

推薦的話

✹ 作者點出最重要的關鍵「領導者應該具備勇氣、信任和愛」，這正是臺灣目前最需要的社會氛圍。

——**朱元隆**，桃園市立大園國際高中校長

✹ 身為當代的教育工作者，本書作者順服心中的呼召，以屬天的意志及力量，勇敢面對超乎想像的艱難任務，因為有愛，所以無懼，因為有愛，所以期待，因為有愛，不怕挫敗。雖是無畏的領導，更是教育的大愛實踐，是一本十分珍貴而值得細讀的好書。

——**曾璧光**，國立蘭陽女子高級中學校長

✸教育是促成社會階級流動的主要力量，而校長卻是學校的靈魂，帶領全校師生面對未來的挑戰，本書《無畏的領導，堅定的愛》透過琳達・克萊特—威曼校長的做法，相信會給教育行政人員很多發想，在決策上獲得最佳指引。

——**楊益強**，臺北市大安高工校長

✸身為學校領導者，需要大無畏的付出去建構一個有愛的環境，將能增進教師教學成效，提升學生學習成果。作者是位偉大的勇者，鉅細靡遺敘說著如何影響組織成員，如何翻轉學校正向成長，極適合推薦給有意擔任領導者參考。

——**鍾雲英**，新北市立清水高級中學校長

譯者序

愛與勇氣的教育典範

侯秋玲

二〇一八年三月，我收到美國視導與課程發展學會（ASCD）的《*Education Update*》刊物，主題文章的標題是：〈推進，莫同情，貧窮弱勢學生〉（Push, Don't Pity, Students in poverty）。弱勢學生的學習與發展是我近幾年在臺灣師大投入的工作領域，光看標題就非常吸引我細讀這位琳達．克萊特—威曼（Linda Cliatt-Wayman）校長的專訪文章，這位校長的學校是全美國最危險的高中之一。她說：「弱勢貧窮學生不需要教育者的藉口，他們需要的是許多的愛，以及，無法想像的高度期待，培育、滋養他們熬過這個處境。你能做的最好的事是看見他們未來能成為什麼。」

然後，我依著文章裡的介紹，循線找到這位校長的 TED 演講，看著她演講時時飽含在眼底的淚水，試著想像：那「許多的愛」和「無法想像的高度期待」，是什麼樣子……同時也自問：我們懷有那兩樣東西嗎？我們有什麼藉口讓我們放掉對孩子的高度期待？我們有足夠的愛去保證我們已經盡可能的培育滋養這些孩子熬過現在，迎向他們更好的未來？

為了更深入了解這位偶像校長（這是我對威曼校長的暱稱）到底是如何改造全美最危險的高中，我開始閱讀她的書《無畏的領導，堅定的愛》，跟著她一起走入學校，一起感受暴力犯罪的恐懼，一起為學生的悲慘困境心碎，一起在她的堅持與領導當中燃起希望、奮勇向前，同時也彷彿坐在臺下聆聽著她發出教育使命的召喚：

你為何而生？上天創造你的目的是什麼？

你有力量讓這世界的人知道，所有孩子，貧苦的、無家的、迷失的、身心受損的、特殊需求的、勇於夢想的，都需要好的教育。

你要提醒每個人，這些孩子出身貧苦並不是他們的錯，孩子無法選擇他們的父母或出生／居住地。

請別忘記，每個人都有權擁有公平的機會過著光明、有意義、有貢獻的生活，而這樣的生活始於高品質的教育。

你有力量為這些孩子創造可能性，讓他們在未來變成更好的人。

你可以造成不同，所以請認真看待你的角色。

於是，我思考我的角色，投身補救教學師培計畫的我，在走訪各縣市、聆聽與了解國中小教育人員扶助弱勢學生學習的種種困難挑戰的過程中，經常感到挫敗沮喪，給予我支持力量的教育典範，就是臺東「孩子的書屋」的陳爸（陳俊朗先生）以及這位「偶像校長」。或許，把這本書翻譯出來，是我的使命。讓威曼校長親自現身跟所有願意為弱勢貧窮學生盡一份心力的教育者說說話，用她的故事來激勵每一位在過程中覺得快要失去力量、放棄希望的大人和孩子。

陳爸的《愛，無所畏》（商周出版），你看過了嗎？這麼剛好的，偶像校長的書名是《無畏的領導，堅定的愛》，看來，「無所畏懼的勇氣」與「堅持相信孩子的愛」，是每一位投身弱勢貧窮者教育的大人，必須期許自己具備的領導力。希望我們的學校能夠堅定的愛這些弱勢學生，希望我們有更多的大人能夠無畏的領導其他人一起服務奉獻，讓這些掙扎奮鬥中的學生擁有自信、不放棄自己的學習，成為有希望感的人。

一位老師開始做，就有幾個學生受益；兩個教室開始做，就有兩班學生受益；三所學校開始做，就有數百位學生受益。衷心感謝在天堂的陳爸和在美國的威曼校長的示範：「Be the change you want to see in the world.」。

目錄

致謝

我要藉此機會感謝我的出版社，Jossey-Bass，願意提供這個論壇讓我訴說我的領導故事。特別要感謝我的編輯 Kate Bradford、審稿編輯 Kathleen Miller，以及製作編輯 Haritha Dharmarajan，他們接下了改善這本書、讓它得以出版的任務，他們擁有非凡的耐心和獨到的眼光。感謝賓州婦女大會（Pennsylvania Conference for Women）和 TED.com 的組織者，給了我第一次公開演說我的領導故事的舞臺。

致這些年來我的領導團隊的所有成員——謝謝你們的奉獻付出，以及強烈地支持關注每位受你們照顧的學生的成就。成功之所以發生，全是因為你們：Michelle Garcon-McCoy、Vanessa Green King、Annetta Jackson、Syida Johnson、Evan Kramp、Kenesta Mack、Jameka McGraw-Byrd、Melissa Schafer、Jacqueline Palone、Anna Shurak、Susan Skraitz、Jennifer Speirs-Robinson、Mike Spangenberg、Sonia Szymanski、Orick Smith，以及 Terri Wiley。

謝謝學校的 Kevin Dancy 警官，也謝謝費城的 William Eib 警官，每一天，你們保護著我的學生和教職員的安全，也為各地的執法人員樹立一種承諾捍衛孩子福祉的典範。

致非常美好的家人，我的先生 Dana，我的兩個寶貝女兒 Paige 和 Sasha，以及我的兩位姊妹 Andrea 和 Denise——謝謝你們在這個計畫期間無條件的愛與耐心。致我所有的朋友，如果沒有你們的傾聽之耳，這一切可能永遠無法達成。致我最好的朋友，Winona Hurst-Waldon——謝謝你超過三十年以上的愛、友誼和永不動搖的支持。

致過去與現在的校長們——感謝你們對學生和這個國家的無私服務，因為你們的犧牲奉獻，孩子們才有辦法實踐他們的夢想，這是多麼特殊的使命啊！

最後，當然也是最重要的，我要感謝上帝和祂的兒子耶穌，作為我力量的來源以及生命的目的。

誠摯的

威曼校長

引言 Introduction

「**你去！**」這個聲音突然在我腦袋裡響起，非常洪亮、無所畏懼，而且異常清晰，使得我在走廊中途停下腳步，用文法不正確的問句回應這個聲音：「**去，我？**」

「**你去！**」這個聲音又重複了一遍。我慢慢地走回辦公室，鎮定但滿心疑惑地走著，不斷重複我從這個聲音聽到的話語：「你去，你去，你去！」每走一步，我越來越明白為什麼我找不到校長候選人，因為我就是那個候選人，我就是那個我一直在等待和尋找的領導者。

「持續危險級」是我被上天選中要領導的學校身上貼著的標籤。二〇一五年三月，賓夕法尼亞州教育廳在網站上公告，某一所學校列為「持續危險級」，「如果這個學校在最近這個學年，以及最近這學年之前的兩年內有一年，發生的危險意外事件超過一定數量」，就會被列為持續危險級。而所謂危險意外事件的定義是「攜帶武器（槍、刀或其他武器）導致被警方逮捕的事件，或使用暴力導致被警方逮捕的事件（殺人、綁架、搶劫、性侵害和毆打攻擊）」。注

莓屋高中（Strawberry Mansion High School）是「持續危險級」學校！真的嗎？

在二〇一〇到二〇一一這個學年，我擔任費城教育局的高級中學助理局長（Assistant Superintendent），是五十二位校長和六萬一千個學生的領導者。我參與一個中央辦公室團隊，這個團隊已經運作了好一段時間，努力尋找各種方法來刪減學區教育經費預算，他們把注意力焦點鎖定在未被充分利用的學校上，並且聘用了一間公司，專門收集每一棟現存學校建築的相關資料，負責記錄每所學校的建築容積，對比這所學校實際上學的學生數量，而這是「學校設施總體計畫」（Facility Master Plan）的一部分。

在這間公司向教育局長報告完他們的調查結果之後，團隊決定關閉某一所高中，重新安置另一所高中，然後將這兩所學校整併成第三所學校，形成了三所高中整併方案。但這個計

畫有一個主要的問題——這個決定完全只看建築物使用和財政經濟效益，而不是看合併方案涉及的每一所學校的現實狀況來決定。

這三所學校被設定合併的校址位於北費城，是費城最暴力的區域之一。這個區域惡名昭彰的是幫派林立、高吸毒率、高犯罪率，同時也是全國最貧窮、最低收入水準的區域之一。當然，選定安置三所高中整併方案的這所學校也有很棒的特點，它很大，有五層樓，剛整修的科學實驗室，全新的烹飪設備，還有一間漂亮的新圖書館。以一所最先進的學校來說，整棟建築物的構造是很理想的，但關於莓屋高中還有一個很重要的事實：它已經連續五年名列在全國「持續危險級」的學校名單當中。

身為高級中學助理局長，我的職責是為費城公共學校歷史上這個首創的三所高中整併方案，研究、探詢和聘用這所學校的校長。這所學校所在的區域是眾所皆知的暴力猖

注解

1.依據二〇一五年三月最新修訂之「賓夕法尼亞州不安全學校選擇選項：常見問題」（Pennsylvania Unsafe School Choice Option: Frequently Asked Questions），https://www.education.pa.gov/Documents/Teachers-Administrators/No%20Child%20Left%20Behind/Unsafe%20School%20Choice%20Option%20FAQs.pdf/

獗，所以尋找校長絕非易事。在遍尋全國上下的校長之後，完全沒有一個人應徵這個職位。隨著時間流逝，我做了一個痛苦的決定：我要把另一所學校目前的校長調來領導莓屋高中。在審慎檢視所有五十二位校長之後，出現了一位候選人，我打電話請她來開會，讓她知道我必須把她調離現在的學校，派她到莓屋高中。她一臉嚴肅、憂心忡忡地瞪著我，然後掀開她的襯衫，露出裝在臀部上方的一臺小機器——心臟監測器。「威曼女士，」她說：「如果我真的必須去做，我會的，不過，它可能會殺死我。」毫不猶豫地，我又重新開始尋找校長。

漸漸地，我開始相信，我永遠也找不到領導莓屋高中的校長了。就在這時候，我聽到這個聲音說：「你去！」我走回辦公室，並且準備永遠離開這個中央辦公室了。只是，我必須先做一件事，我必須通知所有校長我要離職的消息。我召開了當年度的最後一場校長會議，告訴他們我很榮幸能夠跟他們一起共事、為他們服務，但我要辭去助理局長的職位，回到校長的位階。謠言早已經滿天飛，而我現在只是正式公告這個消息而已。接著，我宣布我將成為莓屋高中的新校長，全程監督這個區域三所高中的整併方案，我告訴他們，這三所學校的學生是我的責任。

我是在北費城長大的，我家距離莓屋高中只有幾條街，跟著我母親和兩個姊妹生活在貧窮之中。我母親總是告訴我們，教育是我們脫離貧窮的唯一途徑，她常常對我們說：「**教育可以改變你們的人生**。」她是對的，它改變了我的人生，我個人親身體驗了教育的轉化力量，而且拚命地想要讓費城學區所有六萬一千名的高中生也同樣體驗到這股力量。我自己從貧困走到無限可能性的故事，幫助我形成了工作的使命感，我為什麼要做我正在做的事情。就算這些學生所上的學校被貼上「持續危險級」的標籤，我依然要盡己所能地拉拔更多孩子脫離貧窮，這是我的生命目的。

你為什麼做你現在正在做的事情？你為何而領導？你的領導工作的目的是什麼？這些是我想在這本書裡談的一些問題。

而我會寫這本書，也是因為現在有太多媒體焦點都強調和抨擊那些選擇教育貧窮青少年的教育者所面臨的種種困難挑戰，但關於如何戰勝這些令人畏縮的困難挑戰、獲得成功的資訊，卻非常稀少。我們必須謹記在心的是，現實社會裡有數以百萬計的孩子，他們的生命只能依靠這些帶有各類令人沮喪的標籤的學校，所以我們有一個無上的道德使命，就算現在身處於一個難以置信的、不完美的系統當中，我們也必須為他們成功地戰勝這些困難挑戰。太多關於教育的熱議爭論，是如何從體制外來改善這個教育系統，但這本書的目的是要指引和激勵那些選擇留在體制內持續領導學校的人。相對於提供政策處方或系統性的改革策略，領導能力才是本書的焦點。我希望能激發正向樂觀的心態，並且提供一個例子，讓大家了解，不管這個任務有多麼惡劣、讓人畏懼，當領導者能夠率先帶頭解決組織裡的問題時，就有機會創造出各種可能性。

這本書並非只為學校領導者而寫，它也是為需要翻轉領導力的公共部門、非營利組織和私人企業而寫。我用單一語詞作為每一章的開頭，請對著自己讀出來，然後大聲、自信地說出來。在這些語詞當中，存在著力量，每一個語詞都在提醒你一種行動、行為或思維心態，這些都是領導任何組織翻轉命運的過程中所需要的。

那麼，就跟我一起來，看看我在尋求如何保護學生與教職員的安全，以及如何教育他們的過程中，怎麼樣處理真實的狀況。加入我的領導旅程，了解我為何會回應上天的召喚，領導這所沒人想領導的持續危險級學校。最後再發現，當一間學校或公司脫離正軌時，為什麼領導力能夠造成所有的改變。

當我們一起踏上這趟旅程，我在每篇故事的最後，特別為你放入了這個部分：「**想想你的領導力**」。我希望你會停下來，想一想「你」身為領導者的作為，就如我在總結每一章之前所做的一樣。我在這個部分寫出了我的故事的重點，幫助我聚焦領導者的行動和行為。我也放了「**留意檢視**」的部分，以更精簡的文字寫出每一章的領導力重點，好讓你應用在自己的領導任務上，請仔細閱讀每一個字，並思考你可以如何應用它來指引你的領導工作。我還放了「**給你的問題**」，有時候反思型的問題會激發更多的問題，在特定的情境下，這些問題可能會引導出許多答案。你可以選擇閱讀所有這三個部分，或者只用一種反思方法。它們的功用是當作一種工具，讓我們可以肩並肩地走過這趟領導力之旅，因為，你知道的，領導可能是很孤單的。

最後的一點提醒：我所有的故事都是真實的，而我的某些行為可能並非典型、標準的做法。領導一所惡名昭彰、持續危險級的學校，需要的是不合常規慣例的策略手段，才能讓我的學生、職員和教師每天晚上能夠安全地回家，才能讓我的學生接受教育。如果你現在面對的是領導一個需要澈底翻轉改變的組織的任務，那麼你無須為你不合常規的領導作為道歉或辯護，因為我認為我的作為沒有什麼不妥，正如我常說的：「如果你要領導，你就必須**領導**。」請大膽無畏地領導，以達成你的目標，並且在這個過程中，看看你會發現什麼樣的自己。

1 展望 Envision

「我要那張藍色的。」我自顧自地想著。在履新之日以前，有人要我選一張椅子好放在新辦公室裡。我選定一張漂亮、藍色真皮的高背椅。當時，我不知道為什麼選擇了藍色，就我所記得的，在超過二十年的教職生涯當中，每位校長總是有一張黑色椅子，我從沒看過哪個校長有藍色椅子；但不知道為什麼，我就是被那張藍椅給吸引了，第一眼看到它，我就知道那張藍色椅子有某種特殊之處。它是某種不一樣的藍色調，不是海洋藍或寶藍色，而是一種墨藍，在型錄中非常顯眼。當椅子送達時，它正如我所期待的，坐起來很舒服，讓我覺得自己很重要，而且它散發出一種寧靜平和的感覺。

二〇〇三年十一月一日一大早，抵達費茲西蒙斯高中（Fitzsimons High School）的工作崗位時，我就坐在那張藍色皮椅上。我開始思考我到這個地方的旅程，在這個座位，在這個職位——有一間又大又豪華的辦公室，一張漂亮藍色皮椅和一套私人衛浴的校長。我是怎麼走到這裡來的？我的夢想一直是要當個偉大的老師，但對於我這個出身貧窮、就在這學校所在的同一社區長大的人來說，當校長實在是遠遠超過了我對自己的想像。諷刺的是，我祖母的家正好就在費茲西蒙斯高中的對街，而我們家的教會聖三一非洲衛理公會（Trinity African Methodist Episcopal）就在街角，我們家族隸屬於那個教會大概已經有一百三十五年了。

費茲西蒙斯高中這些年來已經有所改變，它曾經是一所國中，然後變成中學，在二〇〇二年，它開始轉型為男女分校，在同一棟建築物裡有兩所分開的學校——一所是女校，一所是男校。每所學校有它自己的校長，而我是費茲西蒙斯女中的校長。

我正為自己感到驕傲之際，突然被一群女生的尖叫聲打斷了。「抓住她，抓住她！」接著傳來拳打腳踢的聲音，然後又有更多拳打腳踢的聲音。我從椅子上跳起來，迅速打開辦公室的門，看到幾個女孩和他們的家人在打架，好多人在打架，瘋狂的打鬥……我真不敢相信是女孩，高中女孩和一群婦人，看起來像是幫派打架、街頭鬥毆，

但這是在學校裡。頭髮和鮮血散落一地，真是可怕的畫面。我很快地衝進打架的人群裡面，試圖阻止他們打死彼此。

在努力阻止他們打架的過程中，我抓住其中一個女孩的手臂，就在她試著想揍另外一個女孩的時候。她非常憤恨不平地看著我，並且大聲吶喊著：「幹ＸＸ！放開我！」我沒有立刻放開她，反而緊緊的抓住她的手臂。她又說了一次：「幹ＸＸ！放開我！」這一次，我鬆開了緊抓不放的手，因為我心想，她一定誤以為我是其他的人了。然後，我想起來，今天是我當校長的第一天，開始當校長的第一天。在當了二十年的班級教師之後，二〇〇三年九月，我離開了教師的工作，加入費茲西蒙斯高中，成為新的教師督導教練。兩個月以後，我被提名為校長。我的上司，克萊頓先生，在他任命我到這個高中來擔任教師督導教練時，曾經私下告訴我，未來還有許多升遷機會，我猜他是對的。

她怎麼會知道我是這個學校的校長呢？

在鬆開手之後，我等待警察來協助我控制這一場打鬥。等到一切都平靜下來，我廣播宣布所有班級立刻到禮堂來集合。在任何其他的事情可能發生之前，我必須讓學生和教職員知道我是新校長。透過公共廣播系統，我要求每位老師陪同他或她的班級學生到禮堂來。「你確定你真的要這麼做嗎？」其中一位老師問。我沒有回答她，而是直接走去禮堂。當我站在舞臺上，我無法相信我的眼睛。學校看起來就像電影《鐵腕校長》（*Lean on Me*）裡的一個場景，但是更糟糕。學生在走道之間奔跑，在座位之間跳來跳去；老師們不知道他們學生在禮堂的什麼地方。學生非常吵鬧，互相用髒話罵來罵去，並且對著要他們坐下的老師叫囂，完全拒絕聽話。在那一秒鐘，我了解那位老師問「你確定你真的要這麼做嗎？」所暗示的意思了。看著他們進入禮堂的樣子，你可以知道他們已經很久沒有走進禮堂做任何有意義的活動了。老師們，大部分是第一年當老師的人，不知道該做什麼，沒有嘗試做任何事情來讓學生遵守秩序，他們只是站在那裡，看著學生，等著下一場大規模的打鬥爆發出來，就如同剛剛在大辦公室附近發生的狀況。我整個人凍住了，從舞臺上注視著眼前這一群師生。手握著麥克風，我小聲地喃喃自語：「我究竟是把自己捲進了什麼麻煩之地？」

老師們不是看著學生，反而是瞪著我看，彷彿是在說「她一定是瘋了，才會接下校長的工作」。我心想，他們當中是否有人覺得我是某種救世主。很多老師看起來好像快要哭了。

我喚回心思，重新注意學生，試著恢復禮堂裡的秩序。我不斷地說：「年輕的女孩們！年輕的女孩們，請坐下。」帶著命令的口吻，我說：「老師們，請站在你的學生旁邊。」我不斷不斷重複地說，一直到我的聲音回響得夠大聲，壓過他們的音量。然後，這一次，耐性幾乎快磨光的我，用嚴厲、直接的語調說：「坐下，閉上你的嘴，不然你就得離開這個禮堂，然後跟你的父母待在家裡幾天。」我不知道我的語調或威脅是否得到他們的注意。我以動作向警察示意，請他們進入禮堂，帶走任何一個不願意坐下的學生。很快地，喧囂的聲音逐漸減弱，雖然還有微弱的講話聲，但是我的聲音可以壓過他們的音量，被所有人聽見了。我放大聲量、勇敢無畏、驕傲地對他們所有人說：「假設你們還不知道我是誰，我是威曼女士，而且我是你們的新校長。」孩子們開始笑了起來，對我說的話完全不感興趣，他們看著我，表情彷彿是在說：「那又怎麼樣？」「校長」的頭銜對他們來說根本不算什麼。為什麼呢？

另一方面，老師們不知道應該怎麼想。他們已經在沒有校長的情況下開學了兩個月，而因為我一直在這棟建築物裡擔任新的教師督導教練，所以我知道他們很習慣做任何他們想要做的事，在任何他們想做的時間就去做。當他們正在消化我是新校長的消息之際，我繼續列出我對他們行為的期望以及他們在學校裡將會學到什麼，然後，在禮堂後端的一個年輕女孩突然站起來，大聲叫著：「小姐，小姐！」我試著忽略她，因為她這樣的喊叫根本不合時宜。但是她很大聲，而且從座位上站起來，儘管我想要忽略她不合時宜的發言，她還是繼續喊著：「小姐，小姐！」終於，我們的目光相遇了，我們凝視著對方，然後她再說了一次：「小姐，小姐！」這一次還加上：「你為什麼一直說這是一所學校呢？**這不是學校**。」我站在那裡，無言以對。我對著自己一次又一次重複她的話。就是這句話，總結在五個字裡，這不是學校。那正是我走上舞臺、看著這一群師生時，心裡所想的話。我想不起來我之前在哪裡看過同樣的畫面。然後我想起了一九七六年我自己高中學校的禮堂，那所學校距離這個學校並不遠。那是我第一次親身遭遇到費城教育制度裡的不平等，我們坐在禮堂裡，等著拿到我們的名冊和班級分配，很長的一段時間裡，完全亂成一團。那不是我以前所習慣的學校，我之前的學校並不是位於我家附近貧困不堪的學區裡。

我很快地理解她大叫的內容，（**這不是學校！**）然後我回應道：「我說它是學校，因為它是學校。」她以一種比較輕柔、擔心的語氣說：「不，它不是。」我問這個年輕女孩：「那麼，它是什麼？如果它不是學校？」「只是一個可以常來混混的地方。」她回答。每個人開始大聲地尖叫、狂笑，表示他們非常同意她的說法，對他們來說，學校就只是一個可以常來混混的地方。我帶著驚恐的心情，理解、消化這一幕。我想著，當他們走路來上學的時候，是否曾經花點時間看看周遭的社區？他們知道優質的教育可以改善他們生活的品質嗎？為什麼他們無法看見學校裡的機會呢？為什麼他們不能夠視他們的學校為學校呢？

在簡短的對話之後，我讓每個人回到班級裡去。我回到辦公室，坐進我那全新的、藍色的領導椅，開始問我自己一些問題。為什麼「校長」這個語詞對他們沒有意義？為什麼他們認為學校是一個來混混的地方？更重要的，為什麼他們沒有看見教育可以改變他們的生命？我有太多的問題需要解答。當我坐在藍色領導椅上，祈禱著不要又爆發另一次打鬥時，我無法忘記那個女孩的問題：「你為什麼一直說這是一所學校呢？」更重要的是，我無法忘記她是怎麼回答自己的問題的：「這不是學校。」

我坐在藍色椅子上，閉上雙眼。就是它了，這所學校裡所有問題的催化劑：所有這些暴力的原因；這所學校之所以被委託給一間教育管理公司來處理低學業成就表現的原因；為什麼學校裡百分之七十的老師都是由第一年或第一次教學的老師所組成的原因；他們之所以找不到校長，必須在學年當中拔擢一位新來的教師督導教練當校長的原因。費茲西蒙斯高中不是學校。

我想得越多，就越感到憤怒。我生氣每個人：生氣那些打架的學生；生氣他們的家長竟然動手幫忙打鬥，而不是為了讓他們的孩子受到適當的教育而集體幫忙奮鬥；生氣這個地方沒有受到良好的管理，使得它必須被外來的人管理；生氣在我之前的那些校長們竟然允許這個地方如此失控，讓現在的學生們不把它視為一所學校。然後，我記起了我是那個答應要當這個頹敗組織的領導者的人，在我同意領導這所學校以前，就已經知道許多事實，我知道它是低成就而且很危險的學校，而我仍然選擇了領導它。所以，我發現我沒有辦法責怪任何人，只能怪自己硬是擔起了這個責任，要把這個「可以常來混混的地方」變成一所學校。現在，這個問題完全是我的問題了。而且，我知道我必須拯救這個組織，因為有太多岌岌可危之處。身為領導者，我必須面對這個殘酷的事實：如果我失敗了，數以百計的孩子就無法接受教育，注定要活在貧窮的生活中。而如果你曾經活在貧窮的生活中，就像我小時候一樣，你不會希望任何人過著那樣的生活的。所以，我下定決心，我必須讓那所學校變成學校。

在我當校長的第一天，一位學生創造了這所學校未來前進的願景。把這個願景變成實際，是我身為領導者的工作。

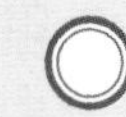

想想你的領導力

清楚的願景，以及承擔起達成這個願景的責任，是翻轉組織的領導者的工作。在走進戰場之前，翻轉組織的領導者必須知道他對這個組織有何想像或展望，而後才能形成共同的願景。

留意檢視：你對於自己所領導的組織的願景。

給你的問題：

✷ 對於這個組織，**你的**願景是什麼？

✷ 你可以毫不猶豫地對別人說出這個願景嗎？

2 發現 Discover

我的願景很清楚，我必須把這個「可以常來混混的地方」變成一所學校。為了達成這個願景，首先我必須發現它到底為什麼不是一所學校。讓我們想想學校的目的是為了做什麼：提供教育和心理韌性，使得孩子們可以過長遠、快樂的生活，並且以非常正向積極的方式對周遭的世界做出貢獻。學校設立的目的是要幫助貧窮的孩子脫離貧窮。我們的祖先們設立公共學校的目的是為了協助提供公平的競爭環境，好讓我們所有人都能享受生命和自由，並且追求幸福快樂。

對於學校禮堂裡的其他人而言，那個學生的評論不代表什麼，而且他們可能也無法理解我為什麼對它會產生如此強烈的反應。如果你曾經待過一所稱不上學校的學校，那麼你就能夠了解那個評論背後的痛苦。那句話像一把刀刺穿了我，過去我在社區裡那所表現不佳的學校上學的所有痛苦如浪潮般不斷湧現，為什麼我會請求母親讓我去那邊上學呢？

回想起我自己的問題的那一刻，我就知道答案了。我想要跟我的朋友走路去上學，我已經厭倦了每天要花費超過一個小時的時間搭巴士去上學，卻只是不斷在想姊姊和我能不能安全的回到家，因為東北區域的種族對立局勢非常緊張（我因為參與學區的反種族隔離計畫，必須每天被巴士接送去那邊上學）。那個計畫有它的困難和挑戰，但我很快發現，我為了社區學校的教育制度所要忍受的一切，是更加糟糕的。

當那個學生說「這不是學校」，我想起了我高中班上所有的學生，他們沒辦法流暢地閱讀或完全不會閱讀。當老師詢問有誰自願朗讀的時候，整間教室會變得鴉雀無聲——因為每個人都知道不會有志願者。他必須點名叫人，而一想到這個情形有可能發生，就讓每個人變得麻痺無法動彈。怎麼可能有人上學上了九年卻根本無法閱讀？我記得我高中時經常在想這個問題。我到現在都還能看見我的許多老師坐在教室裡讀報紙，而這時候他們應該要教學的。我想起某一位老師試著要教學的時候，教室裡充斥著學生們聊天交談的聲音。我記得那些老師實在受不了這種不尊重和噪音的時候，他們會坐下來然後告訴我們：「好吧，你們不願意聽講是不是？沒關係，你只要記住：我有我的，你必須獲得你的。」那是他們每次不想教的時候就會說的標語，是他們簡略的說法，原來應該是：「我擁有我的教育；你必須想辦法獲得你的教育。」獲得我的教育——如果不是從這位老師身上，我可以從哪裡獲得教育？我也想起了，因為沒有足夠的書籍可以流通，所以學校裡有很多用影印機印的書，這樣做我們至少還有東西可以讀。我想起了大學的課程對我來說有多麼困難，以及我差一點點就被當掉，因為我沒有學到在高中就應該學的所有內容，而我來自賓州另一個郡的室友有學過。我想到我的高中校長，好奇她是否知道許多老師都沒有在教學，我高中時期從未看過校長出現在哪個教室裡，她是否知道有幾位很棒的老師試圖做出一些改變，但是卻為了彌補我們幾年下來缺乏的教育，而吃盡了苦頭？

我現在是校長了。在我高中經驗的三十六年後，我想要知道為什麼這些學生覺得這不是一所學校。

所以，在我任職校長第一天之後的日子裡，我給我自己的工作就是找出答案來。我是個有清楚願景的領導者，所以在開始行動之前，我必須全盤了解我要處理的是什麼狀況；為了讓我的願景成真，我必須清楚了解這個組織的每一方面。我必須仔細觀察，並且記下每一件需要修理的事物，好讓這所學校變成真正的學校。

在追尋、了解這些學生挫折沮喪的根源的過程中，我所發現的種種真是讓人心碎與無法想像，即使是對我這個已經有二十年經驗的資深教師來說。我以為我已經看盡一切了，一直到我透過校長的視角來看學校。校長，領導者，該負責的人。我發現一個充滿鏡子的房間（這不是某種比喻喔），我無法想像學校裡為什麼需要一個充滿鏡子的房間。我詢問某位教職員，他說：「喔，那個房間是學生在班上表現好的時候，可以去那邊梳頭髮的地方。」他告訴我前任校長知道這個房間的事。我越是深入了解這所學校，那句「你為什麼一直說這是一所學校？」越是反覆不斷地在我的心裡迴響著。

我走進一位教師的教室，進行對她的教學的非正式觀察。所有的桌子被推到教室的後面，學生們正在跳繩。我問她學生為什麼在跳繩，她告訴我說這是數學課。我確定是有運用類似跳繩的活動在數學課的教學方法，但我不認為這裡應該用這種方法。所以我要求她拿出必須使用跳繩教學法的教學計畫給我看看，她沒有這樣的教學計畫。當我要求立即停止跳繩的時候，大學的記憶又再一次閃現我的腦海中，我想起了當我數學快要被當掉時，夜以繼日地接受補救教學輔導，因為我之前從沒有看過那些內容，我的室友會說：「琳達，你在高中的時候應該就已經學過這個啦！」但我高中時從來沒有看過這些東西。（你為什麼一直說這是一所學校？）

當我詢問教師們有關教學計畫的事情，其中一位老師說：「我沒被告知任何事情，我曾經特別問過先前的校長教學計畫的事，她只是盯著我看，好像我問了一個非常怪異的問題。」教師的合約裡要求教師必須準備每週的教學計畫。我回想在班級教學的日子，我記得有人要求我必須寫教學計畫，不過只有當我要接受正式教學觀察的時候，才會有人檢視這些教學計畫。在二十年的時光裡，我記得只有收到幾次有關教學計畫的回饋意見。如果校長從來沒有檢視教師們的教學計畫，怎麼會知道這些老師在教什麼和怎麼教呢？詳細的教學計畫加上心裡有清楚的教學目標，是學生成功學習的基礎。教學計畫能確保每節課的時間是被明智有效地運用，所有的課程標準都被教到，學生的學習需求有獲得滿足，並且也學到應有的知識。當教學計畫經過深思熟慮、細心撰寫，有人檢討回饋，然後照書面教案執行，若有需要則調整修改，納入差異化教學策略，也納入緊扣學習目標的評量方式，這樣的教學計畫是最有效的。在費茲西蒙斯高中，教學計畫並未發生，沒有計畫就等於沒有進步！（你為什麼一直說這是一所學校？）

有關學生成績單的家長交流會議時間快要到了，我注意到我有一大疊的成績單，上面並沒有任何的分數。我請一位老師進到我的辦公室，詢問為什麼他的成績單上沒有分數。他以一種很惡劣、刻薄的語調回應，因為他的教室裡沒有電腦，所以他沒有辦法送出分數。我提醒他學校裡有許多電腦教室，他聽了之後回答：「當你在我的教室裡放一臺電腦的時候，我就會給他們分數。」（你為什麼一直說這是一所學校？）

學校沒有為學生準備的個別班表名單，所以他們像小學生一樣列隊移動跑班。在大部分的學生都不能流利地讀或寫的狀況下，他們只有半年的時間可以上一百一十分鐘的英語教學課。學校整體的班表名單必須從頭開始建立，所以每個學生和老師到學年中才會收到一張新的班表名單，這是正確該做的事。（你為什麼一直說這是一所學校？）

學校沒有明確的行為紀律管理制度。學生們為所欲為，學生不尊重老師，許多老師也不尊重學生。學校裡沒有進行任何活動。在每個轉角，只有混亂無序。

你為什麼一直說這是一所學校？

既然已經發現那麼多引發學生內心困惑的例子，我也就了解了具體的原因，為什麼在他們的眼中，這不是一所學校。現在，該是行動的時候了。

想想你的領導力

頹敗的組織需要能翻轉一切的領導者，他們帶頭指引、主導整個組織往積極的方向前進。在開始行動之前，要先發現所有或大部分的困難挑戰。最好是你自己進行研究調查。主動積極地處理任何需要立即注意的挑戰。你是領導者，你擁有願景。在進擊挑戰之前，你必須觀察、做筆記、思考，並且記住什麼是攸關成敗、最關鍵重要的。

留意檢視：你的組織每一方面的所有困難挑戰，然後行動。

給你的問題：

- 知道目前組織的困難和挑戰之後，你能夠具體想見，當**你的**領導任期結束時，你希望這個組織會走到什麼境界？
- 你是否已經做好準備要叩問有關這個組織的艱難問題，並想聽到真實的答案？

3 選擇 Select

領導是非常困難的，在這個轉化工程的一開始，我覺得很孤單。但是我知道它是我的目的，而且我也知道什麼是攸關成敗、最關鍵重要的。是這兩項理解讓我保持專注集中，我下定決心不失敗，我不能失敗。

在發現和記錄下改造費茲西蒙斯高中成為更好的學校所面臨的種種困難挑戰之後，我開始導正、修整每一個環節。我把我的挑戰分成三個類別：**建立關係**、**教與學**、**校園安全**。

我盡我所能地處理、矯正那些阻擋我達成目標的問題，但我也非常了解，如果要讓真正持久的改變發生的話，我必須創造一個領導團隊才行。自己一個人做是不可能的，我需要我自己的團隊的支持。當然，在我進入費茲西蒙斯高中時，學校是有一個領導團隊，但那不是**我的**團隊。所以我開始建立一個團隊，一次選擇一個人，我必須在進入新的學年的時候，擁有獲得成功所必須具有的人才與資源。

要找到團隊對的成員，我給自己的工作是盡可能經常的觀察每一個人。我不在乎他們的職位頭銜，頭銜對我來說根本不代表什麼。我比較關心他們對於成長的態度，以及他們對學生的關懷與奉獻。

我故意安排了大量的時間，坐在每一間教室裡，記錄我所聽到的和看到的事情。我注意聆聽老師們使用的語言，那些語言是正向的或負面的？他們是否透過他們的行為和語言，讓學生覺得自己是重要的？他們是否要學生為自己的行為負起責任？他們有沒有好好地教學科內容？他們跟學生玩在一起嗎？他們的教室看起來是什麼樣子？他們是否開朗、精神奕奕？他們在牆上張貼了正向的標語嗎？這些標語跟他們所教的孩子之間有關係嗎？他們看起來愛自己的學生嗎？他們看起來愛教學嗎？我並不關心他們有幾

年的教學經驗，就像我先前說過的，他們很多人都是第一年當老師，我在觀察的是他們的潛能，我在尋找的是一個翻轉學校的領導團隊。

在觀察了老師之後，我觀察技術支援職員如何完成他們的工作。他們有什麼技能，可以為學校領導帶來什麼好處？我拿了一張桌子和一張椅子，帶著一疊紙張和我的電腦，每一天坐在不同樓層的走廊上，完成重要的辦公室工作。我會坐在那裡一整天，觀察和做筆記。我也會隨身帶著我的對講機，並把它的音量開得很大，好讓我可以聽見這棟建築物的其他地方正在發生什麼事，我想要聽到每個地方正在進行的對話。我所聽見的東西，會帶給我關於那棟建築物裡的行政職員所發生的事情一種好的感覺或壞的感受。我每天都會去午餐餐廳，監看那些人怎麼提供食物給學生，我注意聆聽他們在打菜服務的時候跟學生的對話。這些餐廳的工作人員在給菜時會對學生微笑，或者只是把食物丟到他們的盤子上？我觀察所有的一切。

在我做出最後的選擇之前，我想到了在我生活周遭但不在學校裡的人們，他們有人擁有特別的特質或技能，可以支持我實現願景嗎？我到處在尋找一個翻轉學校的團隊，為了做這個困難的工作，團隊成員必須擁有特殊的特質，包含奉獻投入的精神、熱愛他們的工作、特定領域的專業技能，以及從事這個工作的共同理由和信念。他們的看法必須與我一致：這是一個拯救生命的工作。他們必須了解貧窮以及它的所有症狀，必須了解學生需要支持協助，必須了解某些學生的行為其實只是呼喊求救的訊號。即使是在這種黯淡無望的情況下，他們仍然必須對未來的可能性懷抱希望。

在我的觀察期結束之後，我選出了團隊的前三位成員，每一次的選擇與決定，在我心中都有其特定的目的。

我選擇的第一個人是麥克·史潘根柏格先生。他是一位英文老師。他之所以會是我第一個選擇的團隊成員，有許多的原因。他很聰明，而且他下定決心要激發他的每一個學生的最佳潛能。他從不畏懼，而且他關心每一個人，甚至是我。

我永遠不會忘記，在我當校長的第一年春天，有一群在街頭混幫派的年輕人和女孩，要到學校來找我的女學生打架。我強迫他們留在學校的建築物裡，因為有人告訴我他們帶著槍械武器。為了讓學生留在教室裡，不要跟那群幫派分子硬碰硬，我必須盡我所能地說服他們有潛在的危險。他們留在裡面，只因為我求他們不要離開。我的女孩們想要跟那群幫派分子打架，但是她們不想要我擔心。就在我的眼前，她們已經開始關心我了。

在挫折混亂之中，我開始走下長長的街道，只是想去跟那些幫派分子談判。這時候，所有的鄰居都待在他們兩層樓的家最頂端的窗戶邊，觀望著接下來會發生什麼事，而群眾已經開始聚集在街道上。他們準備好要看一場好戲，甚至連打電話報警都不想。並不是說報警有什麼重要，其實這沒有什麼關係，當我的祕書打電話給警察局的時候，她被告知現在是交接班時間，沒有人可以立刻過來。交接班時間？馬上就要爆發一場幫派鬥毆了，而現在是交接班時間，所以沒有警察可以出勤。這種拒絕受理的情況幾乎每天都發生。

當我繼續走下街道時，我可以聽見一位老婦人的聲音，從她的窗戶邊尖叫著：「小姐，小姐，回去！回去，小姐，他們很危險。回去，拜託你。」她在求我轉身回去。但是我想，如果我可以跟那些幫派分子談判一下，我就能讓他們離開，這樣我就可以送我的學生們回家。我不管來自窗戶邊的尖叫警告，繼續朝那些幫派分子走去。然後突然間，我感覺到有人走上來，跟在我旁邊。我們開始步伐一致地一起邁步向前。是史潘根柏格先生。我對他大叫好幾次，要他回去學校，但是他不願意轉身回去。當我們肩並著肩走著，越來越接近那些幫派分子，我想起了這個年輕人才剛滿二十二歲，剛剛才從大學畢業，他在距離費城很遙遠的地方出生、長大，他是從明尼蘇達州來的，對於這裡的瘋狂和混亂，他知道什麼呢？

我在巷道中間停下來，就在那些幫派分子和學校中間，學生們像人質一樣被關在學校裡。我再次告訴他：回學校去。他拒絕了。「如果你要去那邊，」他說：「我就要跟你一起去。」在那一瞬間，我想起了跟他父母見面的情形。我在腦中想著，我不能讓任何事發生在他身上，我對他們承諾過的。所以，非常心不甘情不願地，我撤退回到學校，遠離那群幫派分子。當我們往回走的時候，新接班的警察終於到達，他們驅離了幫派分子，我終於能夠釋放我的學生了。

這個事件讓我知道，史潘根柏格先生了解我的願景和我的目的，他能夠看到每一個學生的潛能，而且他關心我。

史潘根柏格先生是我的領導團隊的第一個成員，他取得了「第一個跟隨者」的頭銜。我沒有請求他成為團隊的一分子，而是直接告訴他，他是團隊的一分子。我直接走向他，然後說：「你將要擔任我們學校新的行事曆調度人。」我需要有人重新建立學校的行事曆，彷彿這是一個全新的學校。當他回答他完全不懂如何建立行事曆的事情，我回應道：「那又怎麼樣？你很聰明，你可以學會任何東西。」從那一天之後，我再也不

是獨自一個人在努力奮鬥翻轉學校，而是史潘根柏格先生、願景和我，我們一起工作，讓這個學校變成一所學校。

我繼續提名了第二位老師加入領導團隊——珍妮佛．史貝爾絲小姐。她也是一位英文老師，多棒的一位老師啊！她在佛羅里達州出生、長大，你從一英里以外就可以看到她的笑容，它具有傳染性，她永遠面帶微笑，而且總是可以對每一個人說出一些正面的事情，尤其是對她的學生。史貝爾絲小姐會以「學者」來稱呼她的學生。當她第一次遇見她的學生時，她會送他們原子筆，上面貼了一個標語，寫著：「學者努力用功，學者會成功，我們是學者。」我記得她叫他們學者的第一天，他們全都轉頭看著彼此，然後一個女孩說：「什麼是學者？」史貝爾絲小姐告訴他們她對學者的定義：一個學生，一個學習者，以及一個知識分子。「你是一個學者，」她繼續說道：「你們每一個人都應該在這世界上做一些偉大的事情，但是你必須認真努力！學者努力用功，學者會成功，你是一個學者。在這門課裡，你會被期望要努力用功，並且運用你的聲音讓這個世界變成更好的地方。你會成功的，當你進入這個教室，你就是一個學者。」從來沒有人用這種有力量又開朗的方式告訴這些學生他們是重要的。他們回應了她的笑容以及她的期待，因為他們知道她愛他們，而且相信他們可以變成更好的人。史貝爾絲小姐示範了這所學校可以真正成為一所學校，如果我可以讓其他老師以她的方式來看待學生的話。

我把史貝爾絲小姐放入領導團隊，因為她很正向、聰明，並且讓每個人都覺得充滿希望。史貝爾絲小姐是領導團隊的第二個人，因為她也是我的教育信念的信徒，她相信我從事這項工作的「為什麼」，而且，她就是愛當老師。

讓我全新成形的領導團隊更加圓滿的第三個也是最後一個人，是安妮塔·傑克森小姐。我頭一次遇到傑克森小姐是在她家，在我變成校長之前。我跟她的孩子一起做許多活動，在跟她的孩子上完課之後，我們會坐下來聊聊天。我跟她說，我很欣賞她的組織能力，她家的每樣東西都井然有序。

當我變成校長，我立刻想到傑克森小姐以及她驚人的組織能力。我去找傑克森小姐，請求她來費茲西蒙斯高中跟我一起工作。她同意了，但問題是唯一的職缺是在男生部的高中那邊，而它有自己的校長。當我們每天在學校裡相遇，我都會看到她不斷地在做筆記，試著記住所有學生的名字。那些男學生絕對是百分之百的比女學生更具挑戰性，而傑克森小姐一直努力試著保持鎮靜。每天看著傑克森小姐，讓我更加堅定決心要讓這所學校變成一所學校，即使我的責任只有女學生的部分。

在我準備開始迎向新學年時，我爭取到一個名為「中午時間助理」（Noon Time Aid）的新職缺的預算，傑克森小姐以這個職位跟我肩並肩工作，她真是一大力量支柱，她希望世界上的每樣東西都在它們該在的對的位置，總是扮演好自己的角色，讓別人的生活變得更好。她是一位付出給予的人，非常忠誠，而且她擁有的天賦才能，後來證明對學校而言是非常珍貴的。有了她的組織能力和我的願景，我很確定我們將會開始發揮影響力，把這個學校改造成一所真正的學校。

我坐在我的藍色領導椅上，思考著我的挑戰、我的亮點和我的選擇。我擁有銘印在心的目的、願景和挑戰，而現在我更擁有了相信我的願景的夥伴，這些人可以幫助我改善「建立關係、教與學、校園安全」這三大面向，進而提升許多女學生的學校經驗品質。各自分開，我們擁有屬於自己的力量；但聚在一起，我們形成了更強的團隊。

想想你的領導力

我承認領導翻轉組織的工作是困難的，而且有時候是孤單的。記下組織裡所有的困難挑戰——以及亮點。想想處理它們的方法，並且盡你所能地解決最多的問題，一直到該是你尋找領導團隊成員的時候。盡可能觀察有關他們的一切。不要受限於這些員工的職銜，找出最好的員工，發現他們身上是否擁有讓你成功所需要的技能。組成頂尖的領導團隊，他們相信你從事這項工作的理由，以及你對未來的願景。讓你的「為什麼」跟他們的「為什麼」交織在一起，這樣你就會擁有一個能夠改變現況、造成不同的領導團隊。

留意檢視：你如何選擇你的領導團隊成員。

給你的問題：

- 你要如何找到翻轉組織的領導團隊的成員？
- 你能否從每個團隊成員身上找出你所需要的技能、天賦和思維心態，以形成一個偉大的領導團隊？

4 適應 Adapt

當我們準備離開學校，去過耶誕節假期時，我坐在藍色領導椅上，反思著到目前為止我所遇到的所有挑戰和獎勵。第一年身為校長的日子，幾乎已經過了半年，由於我們注重建立關係、教與學以及校園安全，現在，學校的女學生們已經比較穩定一點了。

整個領導團隊已經把目光設定在改善下一學年的學校狀況，他們很勤勉地進行學校的行事曆安排、文化塑造、安全程序和教學要求上。要在十一月分引入新的運作制度是困難的，儘管如此，我們還是在耶誕節假期之前，開始嘗試許多這些新想法，看看它們是否能改進學校整體的文化。在假期之後，我們持續嘗試這些想法，希望在這些做法正式變成學校永久計畫的一部分之前，能夠收集到足夠的資料來支持我們的想法。除了設立全校性的紀律規則和獎懲辦法之外，我們也發展了一個監控和執行全校性行為規範的制度。我們堅持教師們必須撰寫和繳交教學計畫，我會檢視並且給予回饋。教室觀察也會經常實施，而且我經常提供教師專業發展的訓練機會，以協助老師們提升他們的教學實務做法。

我們非常用心努力，透過跟學生們交誼玩樂，跟他們建立關係。我們為教職員和學生辦學校舞會，開專案展覽，進行多次戶外教學旅行，也規劃烤肉派對。我們甚至舉辦靜修活動，好讓我們有優質的相處時間可以認識彼此，而且我們常常待得很晚，就是閒坐著跟她們聊天——並且敦促她們勇於做夢，超越她們在北費城看到的境界。

每日高密度的聚焦在建立關係、教與學和校園安全，導致許多老師的工作負荷量大增。我們經常聽到他們說：「工作實在太多了。」許多人沒辦法等到學年結束可以換學校的時候，對學校和學生來說，那是最好的決定。在一個翻轉改造學校的情境工作，需要全心奉獻、意志力量和認同，沒有這三個要素，看起來就會覺得「工作太多了」。對於大多數決定離開的老師，我衷心給予祝福，但是如果有一位老師讓我覺得學生很需要他，我會請他們到我的辦公室，真誠坦率地交心對談，並且試著說服他們留下來。這有時有用，有時沒用，但我本來就應該為了孩子們而試著請他們留下來。願意留下來的老師特別是無價之寶，他們從來不認為拯救孩子的生命是太多工作。

在學校的日子我並沒有太多私人的時間，但當我真的有私人的一時半刻時，我總是回到我的藍色領導椅上，放鬆、思考、腦力激盪學校裡發生的許多問題的解決之道。學生們常常會打斷我的私人時間，然而有一天，打斷我的是一位學區的官員以及教育管理組織（Educational Management Organization）的主管，他們是來告知我大樓另一邊的男子高中校長不會回來完成這個學年的任期了。聽到這個消息，我立刻感到非常難過，我很喜歡也很尊敬男子高中的校長，先前的每天晚上，在過了學生放學時間的很久以後，在我們花很長的時間討論學校大樓裡發生的事情之後，他總是會陪著我走到我的車子旁邊。我們每天花費許多的時間在試著讓男學生和女學生好好待在屬於他們所在的大樓的那一邊，這位校長和我有不同的領導風格，但是我們尊敬彼此的工作。

我繼續坐在我的椅子上，聽著他們說的話，感到非常傷心難過。教育管理組織的主管說，他們需要時間找到適合的接替人選。接著，是長長的停頓，然後他宣布，在這個學年剩餘的時間裡，他們不會找人來接替他的位置。我在椅子上坐挺起來，因為我想我知道他下一句要說什麼：「威曼女士，我們需要你擔任女子高中這邊的校長，**以及**男子高中那邊的校長。」我震驚地瞪著他們，腦袋裡試著處理我所聽到的訊息。我是第一年的新手校長，女子高中的女學生是棘手，但是看起來男學生更是無法處理。我跟幾個男學生是有很好的關係，但我們的互動僅止於當我請求他們留在他們那邊的學校裡的時候。我應該怎麼經營兩所充滿麻煩問題的學校？我已經必須處理大規模的打架鬥毆、微小的教學細節、不用心的老師、暴力傾向的老師、梳頭髮的房間、教室裡的跳繩活動，以及毫無學校願景的問題——現在我還必須處理數量加倍的問題？我從來沒聽聞過有哪位校長同時經營同一棟大樓裡的兩所分開的學校。

當我坐在藍色領導椅上，試圖想清楚我該說的正確話語時，我做了快速的決定。「我不要在一棟大樓裡經營兩所學校，」我脫口而出：「我要在一棟大樓裡經營一所學校。在這學年剩下的時間裡，我要把他們整併成一所學校。」我坐回椅子上，等待著一個回應。沒有回應。他們深陷在男子高中沒有校長所引發的挑戰和狀況當中，根本就不在乎我提議的方案，他們只想要撐過這一學年剩下的日子。

既然這個學年已經過了一半，我就讓學校保持男女分校，那是教育管理組織的看法，但我的確整併了所有的教職員，他們必須遵守我在女子高中這邊給教師們的所有規

範，不過那進行得並不是很順利。他們從來沒有被要求撰寫和繳交教學計畫，從來沒有被觀察並給予書面的回饋，沒有運作中的全校性行為規範制度，也沒有將重點放在學習與樂趣的結合。他們並沒有把他們的學校變成一所學校的願景，但是我有。而且，在這學年剩下來的日子裡，把兩所學校整併起來，是正確應做之事。

接下來的幾個月就是全力改造整棟學校大樓的景觀，以後將不會再有你那邊、我這邊，我們必須一起來，成為這棟大樓裡擁有同一位校長的教職員。我們必須通知家長和男學生，舒緩跟這些男學生的緊張關係的唯一方式，首要的是透過尊重他們來跟他們建立關係，他們對於尊重這件事非常重視。我知道，在我們正式合成一所學校之前，我就很尊重他們，當我在整棟大樓裡行走時，跟他們說話、請他們改道，並且對他們很有禮貌，這些都是一種尊重。但是，成為他們的校長之後，就會是完全不同的故事了。

當我們從耶誕節假期回來，我們就是一所學校了。

在那天，我見識到跟這些男學生建立關係的力量。一群男學生決定放學後在學校外面來一場非傳統的雪球大戰，他們不只丟雪球，他們丟冰球。許多學生被擊中而且受傷了。在那次幫派的事件之後，我總是要求自己務必在放學的時間到外面跟學生道晚安，並且把我的學生安全送回家。看到外面正在發生的大事，我馬上跑到街角的商店裡尋找掩護，並且評估著我現在處理的是什麼情況。有很多年輕人在互丟冰球，我是唯一在戶外的大人，而且沒有對講機，我沒辦法呼叫人來支援。對我來說，那些孩子實在太多了，我沒有辦法一個人自己處理，所以我待在商店裡面。如果是我的那些女學生的話，我早就走向她們並叫她們停止，但是，外面的這些年輕人，有許多是我不認識的，而且許多人都不是費茲西蒙斯高中的學生。

商店的老闆知道我是校長，而且幫我打電話報警。毫無意外地，我得到的是跟那次幫派事件一樣的回應：「現在是交接班的時間，在正式交班之後，我們就會派人過去。」我希望他們停止丟冰球，所以我決定走到外面去，試試看我能夠做些什麼好讓他們停下來。但是商店老闆阻止我，還問我有沒有小孩，我回答說：「有，兩個女兒。」他說：「那好，不要出去外面，一直到有人來幫忙，為了你的孩子著想。」當他說出那句話，我立刻想到，如果我被一顆冰球砸死了，誰會來照顧我的小孩？想到這樣的現實，逼得我只好留在商店裡。我很想要阻止他們，以免他們可能傷害到彼此，但是我也知道，這個狀況極端的危險。

當我站在商店裡，等待著丟冰球的行為停止，一個年輕人走了進來，他是費茲西蒙斯高中的學生。有謠言傳說他在販毒，而且有管道取得危險的武器。我曾經在學校裡見

過他，但是我從來沒有機會單獨跟他說話。「威曼校長，你在這裡做什麼？」他問道。我告訴他，我進來這間商店是為了避免被冰球砸中，也說出當外面的互鬥變得越來越糟糕時，我已經先報了警。我告訴他，我很愛他們所有人，但是我家裡有兩個需要媽媽的小孩。他看著我，微笑著說：「威曼校長，沒有人會砸你的。」「小伙子，那我可不確定，」我回答：「我所知道的是，像我這樣年紀的人，如果被冰塊砸中頭的話，它可能會殺死我的。」接著，他伸出他的手，「握住我的手，我會帶你走到對街去，沒有人會砸你，你可以放心。」他對自己是如此的有信心，所以我允許這個十五歲的孩子握著我的手，帶我走出商店，走到對街的學校大樓去。

最瘋狂的事發生了，突然間，我不再害怕，我也不知道為什麼。對我來說，他還是個孩子。我抓緊他的手，走到外面去，外面的那些年輕人還在丟冰球。然後這個握著我的手的年輕人，用很大聲、命令式的口吻說：「最好不要有哪個冰球砸中威曼校長或是我。」他只需要說一次，丟冰球的舉動立刻停止了。我不敢相信一個年輕人竟然擁有那樣的力量。他帶著我安全地走回到學校的門口，一路上都握著我的手，而且整個雪球大戰就這麼結束了。他是我的守護天使。當我們鬆開手時，我說：「謝謝你，非常謝謝你。」他沒有回應，就這樣走開了。

當我隔天在學校裡看到他，我再次向他道謝。然後我對他說：「小伙子，你天生就是個領導者。」他微笑地說：「我知道！」我請求他留在學校裡，但是在那個插曲過後沒多久，他就離開了學校，而且我再也沒有看過他。有人告訴我，他因為涉及持有槍械的指控而進了監獄。想到這麼有領導能力的人被關在鐵欄杆後面，真是讓我心碎。但它只會讓我更加想要拯救這些孩子。我經常提醒自己，如果我不能讓學校變成他們的一個可以成功存活的選項，那會對他們造成多大的危害。現在，能做到這件事的唯一方式，不只是把一所學校變成學校，更要把兩所學校變成一所學校。這種情況教我了解了：青少年會觀察和研究大人，即使是當我們沒在觀察和研究他們的時候。這個幫助我的年輕人尊重我，也知道其他人不會傷害我，因為我以前對待他們的方式。想要改造、消除持續危險級的學校，關係的建立是關鍵的鑰匙。

這個學年還剩下六個月，我可以就這樣任學校大樓的這一邊做一種事，另一邊做另一種事，但是我無法這樣做，因為男子高中這邊比女子高中那邊更不像一所學校。這些男學生整個學年完全不受控制，即使那位校長為了導正一切已經把自己累到過勞死。男學生的主要問題是到底要怎麼樣才能讓他們進入教室。現在，除了其他的問題之外，這個問題，也變成我的問題了。

過去整整二十年在那個學區的教學生涯中，我從來沒聽說過有哪一所學校整併。

在這個學年剩下的日子裡，我非常努力讓整棟大樓團結凝聚在一起。我找來擔任領導團隊的三個人，主要是將他們的注意力放在二〇〇四到二〇〇五那個學年，我們希望能夠以完美的狀態開始那一學年。這個偶發的大事件，讓我們所有人震驚到亂了陣腳，我們針對男子高中的總進度行事曆做了一些調整，跟我們原本的行事曆整合起來。而且，為了讓整個學校能夠更趨近我們的願景，男子高中那邊的教職員必須配合我們做事的方式。

在二〇〇三到二〇〇四這個學年的結尾，我們如釋重負地嘆了一口氣，我們做到了。而且，令人印象深刻的是，在所有的困難挑戰當中，這個學校實際上還設法取得了一些學業成就上的進展。我們從學年中學校整併的經驗裡學到了許多，舉例來說，我們學到了：人們必須認同一個願景，才能讓它付諸實踐；為了看到他們想要看見的改變，他們必須承諾投入與奉獻，而且為了讓它成真，他們必須願意做額外的工作。但我們從整併經驗學到最重要的是，一棟大樓裡有兩所學校是行不通的，一棟大樓裡有兩位不同的校長，各自懷著兩個不同的願景，在改造翻轉學校的情境下，是很難做的事。為了讓它變成一所學校，它必須只能有一個願景，一位校長。

教育管理組織把他們的擔憂帶到學區長官那邊報告，長官們同意准許創設兩所分開的學校——一所是給男學生的，一所是給女學生的。要讓這件事發生，必須開始進行第二號學校整併方案。

費茲西蒙斯高中要跟另一所位於北費城、受同樣的教育管理組織管理的羅德斯高中，依性別來整併。兩所學校的女學生會進駐到羅德斯高中的建築物裡，形成一所名為「羅德斯女子領導學校」的新學校。兩所學校的男學生會進駐到費茲西蒙斯高中的建築物裡，形成「費茲西蒙斯男子領導學校」。我會是羅德斯女子領導學校的校長。因為我們預定在二〇〇五年七月搬遷到新的地點，所以我們會有完整一年的時間來規劃。但這不會是個容易的整併方案，因為兩所學校的女生在每個方面都是水火不容的敵對仇家。為了籌備第二號整併方案，我們有許多事情要做。

二〇〇五年六月三十日，是我在費茲西蒙斯高中的最後一天。我坐在藍色領導椅上，回想著每一次我回到這張椅子上的時候，一個危機接著一個危機，試圖找一個解決之道。這張椅子是我獨自一人在辦公室時，唯一一個具體有形、可以讓我倚靠的東西，但是我的領導意志非常堅定。因為某種原因，它給了我所需要的力量。我經常問我自己，為什麼一張平常的椅子會變成這樣一種個人力量的象徵？為什麼每當我坐在這張椅

子上時，我似乎總是能夠想出一個解決之道，或是能夠成功地處理可怕的問題？為什麼這張椅子對我有這麼重要？為什麼我這麼認真地看待這張椅子呢？

當我打包所有的物品，準備跟我的女學生們搬到羅德斯高中重新安置時，最後打包的東西就是我的藍色領導椅。我被告知羅德斯高中已經有一張校長椅了，但我告訴每個人這張藍色椅子必須跟著我一起去。在那一天，我決定了這張藍色領導椅將會是我所擁有的唯一領導椅，它會永遠跟著我，旅行到每一個我被召喚去領導的學校。我小心翼翼地把它放在我的其他行李和物品附近，好讓學區的搬運工人把它運送到新學校去。

當初我抵達費茲西蒙斯高中擔任校長時，帶著一個模糊不清的願景，而現在我離開時，帶著一個永遠鐫刻在我心上的願景：

創造能夠提供孩子各種方法和資源工具來終結貧窮生活的學校。

為了達成那個目標，需要的是領導能力。

想想你的領導力

在改造翻轉組織的過程中，變化會突然且經常地發生。但是不應該有任何事會讓你偏離軌道、不去完成你最後的使命。你可能必須適應、調整和改變軌道，但永遠要記得什麼才是攸關成敗、關鍵重要的：讓願景成真。這必須是激勵你持續在軌道上前進的動機因素。

在你往最終目標前進時，必然會出現一些人和一些狀況，提醒你「為什麼」你必須做現在正在做的事。請從這些人與狀況中學習。這些提醒可能出自於一個不太可能發生、令人難以置信的來源，請相信你的「提醒」的來源，它可能很真實存在，但並不明顯。它可能是一個試驗。正向的關係建立，是帶來改變的必須要素。

留意檢視：當突然的變化發生時，你的適應和領導能力。

給你的問題：

- 在變化突然發生的時刻，你能夠勇敢無畏的領導嗎？
- 從一輩子可能只會遇見一次的人身上，你能否汲取寶貴的教訓來增進你的領導能力？

5 整合 Synthesize

整個二〇〇四到二〇〇五學年，費茲西蒙斯高中的領導團隊都在做準備，整併費茲西蒙斯高中和羅德斯高中的女學生。我們從四個人的團隊成長為九個人的夢幻團隊，加入了一位副校長、三位其他的老師、還有一位大學來的顧問。他們每一個人都有特別的才能，也有清楚的理由相信這個改造計畫。

整個白天的工作加上整個晚上規劃如何進駐羅德斯高中，有時候會讓我對這個工程浩大、令人生畏的旅程感到挫折沮喪。為了讓整個團隊準備好面對未來的工作量，並且減緩他們的恐懼和擔憂，我覺得自己有必要說明我在這個團隊裡身為領導者的角色。我溫和冷靜地對他們解釋，領導是一種召喚，是我很嚴肅看待的一種任務。我告訴他們真正的領導者不會把他們的工作分派出去；他們是可看見的、可信賴的，而且像是夥伴一樣為團隊服務。如果失敗發生的時候，真正的領導者會接受各方的指責，不找任何藉口，而且會跟團隊分享成功的榮耀。我認為我的職責是：隨時了解學校組織各方面的進展情形，敦促他們冒險嘗試各種對學生有益的事情，激發他們把自己的工作做到最好，以及，當他們走到可以向下一階段邁進的時候，慶賀、讚揚他們的成就。我強調我很願意領導，也很願意努力工作。我想要移除他們的壓力，讓他們不要覺得自己在工作上是孤孤單單的一個人。在我說完了以後，我看到他們臉上如釋重負的表情。我們進展神速，很快就規劃好了進入羅德斯女子領導學校的相關計畫。

有幾個月的時間，我們慢慢地仔細分析我第一年在費茲西蒙斯高中所做的種種觀察筆記，我們分析完這些筆記後，我們開始研究最好的做法，確定我們把精力集中在最需要注意的那些方面。我們讀書、看影片，並且訴說了許多我們跟學生以及他們的家人、老師和教職員互動的故事——過程中累積了非常多、非常多的資訊。最後，到了應該具體化我們成功進入羅德斯高中的行動方案之際，我們得到的結論是，我們要繼續把注意焦點放在同樣的三個方面，導致費茲西蒙斯高中有所改善的三方面：**建立關係、教與學、校園安全**。我們相信如果我們可以找到全新的方法來跟學生和教職員建立關係，讓所有的教育人員發現教學的藝術來帶領學生好好學習，並且讓學校變成一個安全的地方，那麼我們就真的能夠把羅德斯變成一所很棒的高中，讓這些女孩就讀。

領導團隊的其他人為了準備我們的搬遷，到羅德斯高中參訪了幾次。在每次的領導團隊會議，他們都會做報告，而每次的報告都描繪出更黯淡絕望的圖像。他們報告說，去拜訪學校時，老師們對待他們的態度很惡劣，他們沒看到有什麼教學活動在進行，學生表現出嚴重的行為問題。雖然校長還沒離職，但是在校的所有時間，唯一可以看得到的人是兩位副校長，而且他們忙著為校內發生的事情滅火。他們從來沒有機會跟目前的校長說話，還會補上一句：他們很少看到他。

為了避免兩邊的女學生產生重大的衝突，兩所學校的顧問的職責就是要跟女學生們召開關懷輔導會議，試著解決所有潛在的問題。謠言到處亂飛，說這兩派的女生彼此互看不順眼，也不想要學校整併。這兩所學校的女生惡名昭彰的是經常互毆。北費城的學校各有各的地盤，費茲西蒙斯高中的女學生將要跨越界線，走進羅德斯高中的地盤。那就是引發擔憂的原因。領導團隊不顧困難繼續努力嘗試跟羅德斯高中的教職員和學生們溝通，但他們實在很憂慮併校並不是個好主意。在每次的會議中，我一再提醒他們我們的使命，以及我們務必讓它實現的堅毅決心。我們不能留在費茲西蒙斯高中，我們必須離開，我們必須成功。我告訴他們，我們面臨的是一件開創突破性的教育工作，在這個即將開始的時刻，我們不能卻步。

二〇〇五年七月一日，我第一次以校長的身分走進羅德斯女子領導學校。儘管我心中有許多負面消息縈繞在心，但我的第一件工作就是到新校長室去看看我的藍色領導椅是否已經送達，當我看到它在新辦公桌後方它所屬的位置等待著我時，我微笑了。

我把我的東西在桌上擺設好，準備巡視整個學校的建築，我需要看看整體的布局，感受一下建築的氛圍。這個學校的結構很龐大——跟費茲西蒙斯高中建築的尺寸大不相同，羅德斯高中整併兩所學校的規模，是費茲西蒙斯高中整併規模的兩倍，這個整併方案涉及兩組教學和行政支援的教職員、兩群學生和兩個社區，必須在北費城地區的中央創造一所全新的、全女子的高中。當然，這邊還有其他的私立女子高中、天主教女子高中、特許女子學校，甚至有一所知名的公立女子高中（有非常嚴格的入學要求），但是，讓羅德斯高中變得特別的地方在於它會是一所社區高中，完全沒有任何入學要求，你只要住在北費城而且是女生，就能入學，不允許任何的抽籤、挑選、精選或拒絕。

當我第一次一個人獨自走在學校的建築物裡，我回想起在我當費茲西蒙斯高中校長時並沒有這樣的機會。我是很熟悉那棟建築，但是並沒有透過校長的眼光去看它。當我走過一間又一間的教室，我不敢相信我正看到的景象：幾間教室的地板上，真的散落著數以千計的書本，混亂堆砌著各種碎屑雜物。我詢問清潔工人預定何時把這些教室清理乾淨、恢復秩序，一個人回應道：「當你把書都撿起來，我們就會清理地板。我們在工作合約裡不包含撿書。」當我把書都撿起來？我是校長。你們的工作合約裡可能不包含撿書，我在腦海裡自顧自地想著，但這是一所學校——孩子們兩個月後就要在這邊上課了！我走離他們，而他們就站在那裡，低頭看著一堆一堆的書，拒絕把它們撿起來。

我走出教室，走過轉角，進入圖書館。看起來好像有人拿了一把鐵鎚，到處敲敲打打圖書館的每一件家具，被敲碎的木頭散落在地板各處，你沒有辦法分辨哪些是桌子、哪些是椅子，到處就是一堆一堆碎裂的木頭。我的嘴巴無法置信地張了開來，誰會做這樣的事啊！

因為整併方案而離開學校的老師們，未曾碰觸教室裡的任何一樣東西，看起來就像他們只是打包好個人的物品就離開了。有一些牆壁被打掉了，其他的牆上面有很大的洞，似乎有人賦予自己一個重要的工作，要摧毀所有的設施。愛孩子的人絕不會讓一棟大樓變成廢墟的。這是故意的，這是惡意的。

現任校長一次也沒有跟我聯繫，看看我有沒有什麼需要。不過他的所作所為卻變成了他給我的最大禮物，就是允許我在上任校長之前，完成羅德斯高中二〇〇五到二〇〇六學年的預算。這非常的重要，因為這樣我在羅德斯高中的第一年，就不必忍受他的種種決定。那曾經是我在費茲西蒙斯高中的嚴重問題之一：試著以另一位校長的願景來經營一所學校。這一次，我在進入一所學校之前，做完了所有重大的決定。在看過了整棟大樓的物理環境，跟警衛人員交談過，並回想領導團隊的報告內容，我記起了為什麼我會花這麼多時間精力在了解工會勞動協約（union contracts）的所有內容，我一行一行地閱讀，當我想要找到一種方式把我的教職員從費茲西蒙斯高中帶到羅德斯高中，我就去翻閱團體勞動協約，看看能否找到一個解決之道。當我想要知道警衛人員什麼能做、什麼不能做，我就找團體勞動協約。當我想要知道每件事情的處理程序，我就找團體勞動協約。當我在協約裡找不到一個條目在規範我想要執行的某個做法時，代表這個做法是被允許的。勞動協約的條文是任人詮釋的，而我總是把那個詮釋推向對學生有利、是學生需要的那一邊。了解團體勞動協約的內容，給了我一些需要的資訊，讓我得以做到我

想做的事。有時候，我的教職員會試著運用它來反對我，藉此逃避必須遵照某些要求，而我則是應用它當作證據，證明他們必須確實做到這些要求。

完成學校大樓的巡視之旅，我在返回辦公室途中，遇到了大樓的建築技師。他很快地告訴我他跟前任校長的關係，我們開始一番積極的交談。他看得出來我因為在學校所看到的一切，臉上充滿厭惡反感的表情，他說：「威曼女士，這所學校實在不應該被經營得這麼糟糕。很多年前我在這裡上學，它不是像現在這樣的。我知道我只是一個建築技師，但是我可以給你一個怎麼管理這所學校的建議嗎？」我說可以，他解釋道：「我在這裡上學的時候，我們並沒有使用所有的樓梯，而是只用一座樓梯，我可以帶妳去看嗎？」他帶我走到一座樓梯那邊，「你可以只使用這座樓梯，就能通到這棟建築的所有地方，不必使用所有八座樓梯。」我謝謝他的這個建議，然後回到我的辦公室。我在一本小筆記本寫下這個訊息，並且記錄我這趟學校之旅的所有見聞。

然後我拾起我的皮包和車鑰匙，瞥了一眼我的藍色領導椅，接著自己開車到最近的醫院。我帶著嚴重的胸痛走進急診室，我以為我心臟病發作了。當我獨自躺在醫院的床上，我再次想起了那位學生的話：「這不是學校。」我想起了分析羅德斯高中學生參加州測驗的成績資料，發現數學科只有百分之三的學生是精熟，英語科則是百分之九。我想起了我將要帶著那位學生，以及我在費茲西蒙斯高中將近三百名的其他學生，一起到羅德斯高中，而我不希望他們走進學校的第一天，就說出那五個字。所以，我躺在病床上，向上帝承諾，我會把羅德斯變成一所**真正的學校**。

感謝上天，醫生診斷我並不是心臟病發作，而是焦慮症發作，很快就讓我出院了。我從來沒告訴家人這件事，隔天照常上班工作，而且我已經做好準備，迎接前方的艱難挑戰。

想想你的領導力

在領導改造翻轉組織的任務時，你自己要做好準備。做好你的功課，研究、閱讀、筆記、聆聽和學習。到了該產出最後行動計畫的時候，整合你收集到的所有資訊，準備運用它來創造出一個行動計畫。你必須知道誰應該做什麼事，並且運用你的全部所學來讓其他人發揮他們百分之百的能力。跟任何對這個組織先前的狀況有所了解、能給你珍貴建議的人交談。以身作則的領導，親臨現場，專注當下，全心投入。

留意檢視：你整併多種資訊來源，設計出一個成功計畫的能力。

給你的問題：

- 在最後決定如何執行成功的計畫之前，你是否積極設法收集各種跟你的組織有關的資訊？
- 你的員工是否看到你跟他們一起站上戰場以贏得勝利？

6 推出 Rollout

在二〇〇五年九月羅德斯高中為學生打開大門之前，我的團隊和我撿起了每一本書和每一件破損的家具，好讓清潔工作人員清理整棟大樓。結果，雖然撿起書本和碎屑雜物不是他們的責任，但把學校清理到潔淨無瑕卻是他們的責任，而那也就是他們實際做的事情。

領導團隊有一個讓羅德斯女子領導學校變成優質學校的計畫，我們都非常清楚明白，一開始如何推出計畫，將會是我們幫助孩子脫離貧窮這個整體願景成功的關鍵。羅德斯高中的轉型計畫是費茲西蒙斯高中轉型計畫的延續，只是多了更多的細節調整，而且我們有證據證明我們正在建立一個勝利方程式。建立關係、教與學以及校園安全，依然是我們聚焦處理的三個重點領域。

建立關係是所有一切的核心，我們所做的每一項決定都刻意緊密結合這個重點。在建立信任與正向的關係之時，跟學生和教職員之間清楚的、經常的、有時還帶有戲劇性的溝通是必要的。這個計畫要求我們滿足每一位學生現在的情感和學業的需求，並且鼓勵他們在我們的協助之下盡全力做到最好。我們會開放、坦誠地跟他們溝通討論各式各樣的話題；一貫地堅持我們要求他們做到的事情；堅持不懈、永不放棄我們對他們的社交和學業表現的期望；經常帶他們去戶外教學；參與他們覺得重要的活動；總是聆聽他們說話並提出問題；而且，每次遇到他們都要能夠叫出名字。建立正向的關係就是我們成功的基礎，這是我們的信念。

跟整併的羅德斯高中教職員進行教師專業發展訓練的第一天，安排在八月底，在九月學生即將到校之前。領導團隊工作一年多所規劃出來的計畫，現在到了實際推出的時候了。當我走進辦理研習會議的學校餐廳時，裡面焦慮緊張的氣息濃厚緊繃到你可以用刀子把它切開。從費茲西蒙斯跟隨我們到羅德斯高中的教職員非常興奮期待這個新挑戰，然而，留在羅德斯高中的教職員極不友善，有時還很粗魯無禮。整個推動計畫對他們而言是全新的，所以我認為他們的行為只是一種防備的表現。

在我們共聚的第一場教師專業發展時段，我以簡短介紹我的過去作為開場。我以自己所擁有的點點滴滴的熱情來告訴他們，我在貧窮的環境中長大，沒有得到真正的高中學校教育，上大學時只有大約等於八年級的教育程度。我說明我的高中老師從來沒有為我準備好上大學的一切，然後我告訴他們哪些老師是例外，哪些老師試圖填補我教育的空缺，但是因為時間不夠而沒有辦法補足。

我告訴他們我對於羅德斯高中的學生的願景：盡所有一切的可能，讓更多的孩子脫離貧窮的生活。我強調要讓這個願景實際發生的唯一方法，是擁有真正的教育。我告訴老師們，我的期望是他們每一天會盡他們最好的能力來教學，同時我也提醒支持的行政職員，他們在學校裡應該做的就是：以各種可能的方式支持老師們的教學。在我開始解說我對教學系統的期望之前，我需要他們從我的視角來看這一切。我需要將我的願景清楚地傳達給他們。這將會是一個艱鉅的工作，而且我需要把為什麼一定要這麼做的理由和背景說明清楚。

為了順利推出整個教與學的系統，我拿出了一份教師契約。當我要求他們跟著我、聽我解釋教師工會集體談判勞動合同的結構，了解如何以此作為全新的教學計畫的基礎和實施依據，我可以看見他們眼中的驚訝。（如果不是因為違反工會規定，我真想直接讀條文內容給他們聽。）我需要一個明確的規範，指出教師必須讓學生的學習達到熟練程度，這明明白白列在教師契約的條文裡，它的陳述如下：

> 教師**必須**準備每日或每週的教學計畫大綱。教學計畫大綱應包括：這個班級的**日常活動**，含**主題**、**教學目標**、**教學策略**，以及**教科書和課程指引的教學資源**／**教材**、**補充資料和參考文獻**。每位教師都應該有備用的教學計畫，緊急時可替換使用。如果一位教師表現得**不夠好**，或變得**不符合要求**，**他**／**她可能必須準備更加詳細的教學計畫**。[注]

契約裡的這段文字，是啟動教學轉型背後的引擎。

我之所以要用這種戲劇化的方式來介紹我們規劃的教學系統，是因為不希望在費茲西蒙斯高中的狀況重演，當時我要求老師們準備每週的教學計畫，他們產生極大的反彈。為避免重蹈覆轍，在學校大門開啟之前，我希望教師們知道，我全盤了解他們理應做到什麼，而且這是教師工會認可的期望。我想立刻移除工會卡這張牌，因為，就是這張工會卡造成費茲西蒙斯高中的教學系統幾乎分崩離析。在漫長的教育生涯當中，我已經看過這種慘況發生過很多次了。

這項契約條文對教師產生許多要求，而且我堅決要他們遵守規範。學生需要他們遵守這項規範，才能獲得優質的學習。看著羅德斯高中的老師們讀完這段文字後，我只能假定他們從來沒有遵守過這個規範。為什麼？因為從來沒有人要求他們這麼做。

從我身為教師的訓練來看，我知道教師的教學規劃是促進學生學習的催化劑，所以我需要實質化的教學計畫。這項契約條文說明了促進學生學習所需要的所有實際內涵，我需要教師們整合調配學生們在教室內和教室外應該知道的知識與應該能做到的技能，而這些都是從有效的教學計畫開始的。

注解

1. 參見「費城教師聯盟二〇〇九到二〇一三年學區集體談判勞動合同」（PFT-District Collective Bargaining Agreement, 2009-2013），www.pft.org/pft-contract.

老師們被告知，每週二他們必須將下一週的教學計畫交到總辦公室，學校祕書的工作是收取教學計畫，並且註記繳交情形。如果在截止期限前，教學計畫尚未繳交出來的話，老師們必須告訴行政人員為什麼沒有遵照這項指令達成要求。副校長和我會閱讀每一份教學計畫，並在當週的星期五之前給予書面回饋意見，這樣老師們在下一週真正實施教學之前，就可以將我們的回饋意見融入教學計畫中。這對我們兩個人而言，是非常耗時、耗力的工作，但這是我們制訂好的模式的一部分，我們必須把時間精力投注到這個模式裡屬於我們的部分，才能讓老師們也全心全力投注到他們的部分。

現在，有關教學計畫的要求已經確定並且仔細解釋說明完畢，接下來的教師專業發展重點就從教什麼轉移到**如何**教。教學的實施，是教與學改變過程的下一步。教師契約裡提供了一個做教學計畫的範本，我所做的研究也顯示，若能提供一個授課模式（Lesson Delivery Model）作為範本，說明如何有效實施周全準備的教學計畫，那麼老師們會受益良多。既然我沒有其他更具體的可以改善學生學習成就的模式，我決定直接拿那個研究成果來試驗看看。我看過用在教與學上唯一一個有效的教學模式是瑪德琳·杭特（Madeline Hunter）的七步驟教學計畫模式。我的團隊和我採用這個七步驟的架構，並調整修改為以下的組成元素：

1. 檢視課綱標準／教學目標（Review of Standard/Objective）
2. 現在做（Do Now）
3. 教學／示範（Teaching/Modeling）
4. 引導式的練習（Guided Practice）
5. 獨立練習（Independent Practice）
6. 小組教學（Small Group Instruction）
7. 退場卡（Exit Ticket）

許多老師不想要運用這個模式，認為這樣工作實在太多了。他們打了很多電話給教師工會的代表，我接到了教師工會打來的很多通電話，但是我早有心理準備。我請每一位打電話來的人查閱教師契約裡要求準備「日常活動包含教學策略」的那一段文字，這個七步驟教學模式變成了教學策略。我運用工會的語言來架構這個流程，使得這個流程符合契約規範，但實際上，要讓老師們運用這個明文規定的七步驟教學策略來完成每週的教學計畫，後來證明這真的是我所必須做的最困難的事情之一。但是，為了要讓我的學生們學習，除此之外，我沒有其他更有希望帶來成效的方法了，我必須堅持到底。

這個七步驟計畫的所有元素，對學生學習來說都是很重要的，但其中最重要的是小組教學。許多學生在教學過程中難以跟上，老師從來沒有從最初的初階概念往上發展，因為太多學生覺得困惑、無法理解，只能讓能力比較好的學生在教室裡呆坐著。讓問題更複雜難處理的是，許多學生的閱讀程度不一，許多學生有特殊教育需求和行為問題。小組教學是我們融入差異化教學和給予每個學生他們所需要的關注的方式，在小組教學的時間裡，學生會接受個別化的教學指導，幫助他們填補教育上的落差與缺口。

要讓高中老師願意遵守和運用小組教學法（這個方法以小學教學法著稱），是很困難的。他們知道它很重要，也知道它能讓學生獲得他們所需要的學習，但是，再一次，他們認為在一個有三十三位學生的班級裡，規劃一個額外的重點並實施小組教學，這樣工作實在太多了。教室管理也一直是老師們擔憂之處。老師們不想運用這個策略，最常提到就是這兩個原因。為了支持他們達成這個目標，我僱用了學生輔導助理（Student Support Assistants），分配到每個數學和英文班級去支援小組教學的實施。老師會指導一個小組的學生，而學生輔導助理會監督獨立練習的學生，並且回答他們的問題，這樣的安排，可以讓老師專注於指導那些最需要幫助的學生，不會因為受到打擾而中斷。

介紹整個教學系統的最後一步，是推出非正式與正式教學觀察及回饋循環。為了讓所有教師能夠反思他們教與學的實務做法，回饋是非常關鍵的。我們發展了一套教室走察協定（walkthrough protocol），在每週的非正式觀察之後，可以立即給教師回饋。我們明文規定行政人員必須針對教師的教學計畫和實施過程立即給予回饋意見，而這些回饋意見也會用來指引教師調整他們的教學設計和實施。

經常規律性地監督教室裡發生了什麼事，是確保教師真的忠誠盡責地做到他們所說的預定教學內容的唯一方式。很多時候，學校的領導者沒有監督他們設定好的系統，並且經常性地給予回饋意見；老師們則是太常被允許關起門來，不必管自己的績效責任。我親身體驗過也了解這會有多危險。領導者必須打開學校老師的門，在教室裡找個位置坐下來，確保學生真的在學習——那是設置這整個系統的目標。

當我們第一天的教師專業發展訓練來到尾聲，許多老師看起來已經快要受不了了。跟著我從費茲西蒙斯到羅德斯高中的老師們非常興奮也抱著期待，他們知道這個系統要做很多工作，但它是值得的。從羅德斯高中來的老師看來對我的要求非常震驚，但是我不會有一丁點兒的動搖，我不會改變任何事情。

作為第一天共同進行專業發展訓練的總結，我播放麥可．傑克森的〈鏡中人〉（Man in the Mirror）音樂錄影帶給教職員看。在影片中，他唱著要如何讓這個世界變得更加美好，就從改變他自己的生活和做法開始。我告訴老師們，現在命運掌握在我們手上，改變從我們開始，我們知道前方所有的挑戰和困難，而且我們也知道萬一我們失敗的話，學生會發生什麼事。我要求他們做的最後一件事是看著鏡子，在那裡面，他們看到的是一個拯救生命的人。我提醒他們，未來的工作的確會有很多，然而，當我們決定成為教師的時候，這就是我們簽約應允要做的工作。老師們安靜的魚貫走出學校餐廳——而且滿懷希望，深受激勵。

想想你的領導力

你必須推出改變你的組織的系統。要求別人用全新的方式做事是困難的，許多人會希望保持現狀，即使現狀根本不管用，他們就是喜歡舒適感。這也就是為什麼領導者在領導改變時，必須堅決果斷。

試著想一想會阻礙你成功的每一個障礙，並且在你接觸你的員工之前，預先處理這些障礙。你不會想要在介紹一個新計畫時，卻發現公司法規或工會契約裡有某些條文會擋在你的軌道前面，讓你動彈不得。試著移除所有的藉口，找到一個答案來解釋為什麼事情必須有不同的做法。好好研究你預定用來翻轉組織的系統，找到在你的情境條件下，能夠支持你成功的資料。最後，運用適切的視覺形象，能夠代表你的願景或你所定義的最重要任務的圖像，來結束你們的第一次專業發展訓練或員工會議。在你們第一次相遇的場合，你要試著讓你的願景跟他們的願景連成一線、融合為一，所以，要訴諸情感、感動他們！激勵他們一起向前。

留意檢視：讓你的組織立即往正確方向前進所需要的系統化的方法。

給你的問題：

- 你翻轉組織的系統是什麼？
- 你要如何激勵、鼓舞你的團隊，通過種種困難挑戰，持續穩定前進？

7 揭幕 Unveil

學校開學前的教職員專業發展訓練第二天——在揭開讓羅德斯高中變成優質學校的最後一個重點領域之前，我播放電影《卡特教頭》（*Coach Carter*）的片段。我迫切想要讓他們了解，大家為了讓學校成功而必須額外付出的努力都是值得的。我希望以第一天的結尾作為第二天的開頭：深受激勵！

當那個年輕人說：「教練，我只想對你說，謝謝你拯救了我的生命。」我暫停影片，轉身面對老師們，輕聲地說：如果我們一起努力，拯救生命的事，會天天發生。我

告訴他們，一位學生真誠的一聲「謝謝」，將會是他們所有艱苦工作的最大獎勵。「謝謝你拯救了我的生命！」我一次又一次地重複這句話，並且看著每一位教職員，「終結貧窮的循環，」我提醒他們，「那是我們的目標。」

在扼要回顧我們對於教與學的期望之後，緊接著就是揭開下一個計畫的時刻了——為了建立成功的學校而必須處理的第三個也是最後一個重點領域所做的計畫。對所有教職員來說，這個重點領域是最為重要的：校園安全！要求老師們在一個充滿暴力的環境裡，跟學生建立關係與規劃執行優質的教學計畫，是完全不合理的要求。即使是最好的人，害怕恐懼也會讓我們癱瘓、無法使力。在我當老師的時候，在無數的場合聽聞過其他人用暴力當作一個理由來降低對學生的期望。但是在羅德斯高中，這種情形將不會發生。那麼，我的團隊要如何創造一個環境，讓師生關係能夠建立，讓教與學能夠真正發生？我們要如何降低害怕恐懼這個因素？我用「降低」這個詞，因為當你在一所犯罪率近乎全國最高的市區學校工作時，永遠都會存在著某種潛藏的恐懼，它不可能消失。我們要如何防止這些敵對社區的青少女們互相傷害？教職員要如何保持人身安全（而這是過去幾年來從未做到的事）？我們要如何讓每一個人團結一致，在我們努力追求讓每個人都安全的過程中，盡力扮演好他們的角色？

我一再強調，如果我們一次只專注在處理三個重點領域的其中之一，這樣並無法幫助我們達成目標，無法創造一個優質的學校來幫助學生終結貧窮的生活。相反的，我們必須同時處理這三個重點領域。我提醒每一個人，建立關係、教與學以及校園安全，這三方面是攜手並進的：如果整個學校大家庭都跟學生建立起正向的關係，而且學生在教室裡能接受到優質的教學，那麼我真的相信每一個人都會很安全。

所有的老師，不管是費茲西蒙斯或羅德斯高中的老師，都說著同樣的故事：經常不斷的打架，走廊移動時的衝撞，互罵髒話，不遵守任何一條校規。老師們都同意，學生不遵守校規會導致學校的崩壞。聽完了所有這些可怕的攻擊、破壞和恐懼故事之後，我告訴教職員，讓學校保持安全的唯一方式就是發展並嚴格執行一套全校性的行為規範制度，不可以任由每個人想怎麼做就怎麼做，它必須是一個深思熟慮規劃出來的制度，以處理學校的重大問題為基礎，然後要跟所有的利害關係人溝通。

這個全校性的行為規範制度是以一系列清楚的規則、懲處和獎勵為中心。在檢視過二〇〇四到二〇〇五年發生在學校的一百三十二件嚴重事故（範圍從攻擊學生和教職員，到違法持有槍械、違法吸毒和不法性行為都有）的報告資料之後，領導團隊決定了

五條規則，作為維持羅德斯高中校園安全的基礎。為了確保每個人都清楚了解這些規則是必須知道、遵守和監控的，我將這些規則取名為：「絕不妥協校規」，包含：

1. 不准打架或吵架，不准罵髒話，不准霸凌他人。
2. 不准未經報備就離開學校，也不准用物品把門撐住，讓它無法關上。
3. 任何時候都要遵守制服穿著規定。
4. 不准帶手機。
5. 不准煽動鬧事，或將槍械或毒品帶進學校。

為了確保學生在任何時候都會服從這些規定，我們將違規的後果清楚列出來。領導團隊決定，學生如果違反校規的話，有六種可能的懲處：

1. 打電話給家長。
2. 放學後留校察看。
3. 召開家長會議。

4. 校內停學禁閉。
5. 校外停學禁閉。
6. 禁止參與活動。

我要附帶說明的是，這些懲處其實沒有什麼特別。對整個學校社區而言，真正特別的是，我們為了確保學生服從這些「絕不妥協校規」，將會嚴格執行這個制度。每當有學生不遵守校規時，學生會立即受到適當的處罰，然後就會有人追蹤和記錄，直到他們服從校規為止。如果這個學生不服從因他的行為而須受的懲處，就會再受到額外的處罰，我們會通知家長、監護人或家長指定的其他代理人，請他們到學校來，進行深入對談，討論這個孩子拒絕遵守校規的問題。

這個全校性絕不妥協行為規範制度也包含獎勵制度。我們希望有朝一日獎勵能夠取代懲處，當它成真時，就是一個確切的徵兆，表示學校正開始感覺像是一個安全的地方了。此外，當學生和學校教職員有多元互動並且一起做一些有趣的事情的時候，正向的關係也建立了，這些活動能給學生時間說話，也給大人時間來聆聽。而學生能否參與所

有這些活動、社團和表揚典禮，都取決於他們是否遵守絕不妥協行為規範制度。底下是領導團隊提出的一些獎勵方式：

1. 戶外活動日。
2. 不穿制服日。
3. 野外宿營。
4. 大學參訪之旅。
5. 校外旅遊：任何地方皆可，從動物園到華盛頓特區、巴爾的摩海港，到紐約市。
6. 壁畫塗鴉。
7. 集會節目或活動。
8. 職業探索日。
9. 情人節舞會。
10. 高二生流行舞會。
11. 頒獎典禮。

這些只是其中幾個獎勵方式，我們還會納入更多學生貢獻的想法。我們希望能夠多多舉辦為他們而設計的活動，讓他們想要出席這些活動，並且努力爭取獲得允許參加活動的權利。學校本來就應該是個有趣好玩的地方，我們想要他們參與以前從來沒有接觸過的種種活動，但是，這必須由作為學校一家人的我們來決定，確保學生們都清楚知道他們一定要遵守校規，才能參與這些活動。這是我們的立場，絕不妥協！

教師專業發展訓練的第三天，全都投注在教室的準備。老師們被通知，每一間教室在開學之前都要接受檢查，教師必須布置每一面布告欄，放上激勵學生動機的話語，或是跟學科內容有關的資訊。當學生進入一間教室時，他所看到的教室的樣子，透露了很多有關這位老師的訊息，我希望我的老師們從開學的第一天就留給他們學生良好的印象。從歷史上來看，對於教室布置方面的要求，高中老師並不像小學老師，但是在羅德斯高中，這全部都得改變。如果他們沒有盡全力做到最好，那麼就會被校方要求在學生抵達教室之前，重新布置教室。當老師們忙著美化他們的教室時，領導團隊有責任美化整所學校，在教室外的每一面布告欄都是由領導團隊布置完成的。

在三天的教師專業發展訓練之後，學校開學的第一天快速地來臨了。我們已經有萬全的準備，形成了全新的教職員團隊。現在到了整個計畫付諸實施的時候了：建立正向

積極的師生關係，好讓學校成為有趣的學習之地；實施一個有效教與學的系統，產出良好的學習結果；證明只要有清楚的行為規範與期望，即使是外界認為惡名昭彰的學校，也可以改變成每個人都安全的校園。在教師專業發展訓練最後結束時，我試著再次激勵、鼓舞所有的教師跟行政支持職員，我告訴他們，當工作變得太多、實在無法忍受的時候，請假裝坐在他們面前的學生是他們自己的孩子，並且督促自己再努力一點。將心比心，你希望自己的孩子能得到的，也請如此希望別人的孩子能得到。然後，我播放電影《吾愛吾師》（*To Sir, with Love*）結局的一小段影片。

電影的主題曲，搭配學生們對老師說出「謝謝您」和「再見」的畫面，讓每個人覺得身為老師真是一種驕傲。我們一起離開會議室，準備首次開啟羅德斯女子領導學校的大門。

開學的第一天，那些年輕的女學生排隊魚貫走進各自的教室，身上穿著黃色與灰色制服的學生們，看起來真是美麗。他們遵照建議直接走進教室，沒有爆發任何意外衝突。雖然在社區領導者們給了我們很多的忠告提醒之後，我們決定僱用許多社區的年輕人來巡視路線，護衛費茲西蒙斯的女學生跨越界線，走進羅德斯高中，但我們還是有了一個很棒的開始。時間到了，所有學生和教職員都到學校禮堂報到，一起來仔細了解我們為成功的開學和整個學年所擬定的計畫。身為校長，我的工作就是將校方重視的三個重點領域呈現給學生知道，我談到我們一起工作、學習將會擁有的樂趣，我討論我對於教職員和學生的教與學的期望。然後我第一次向學生們（也是再一次對教職員）提出絕不妥協的全校行為規範制度。我想要學校裡的每一個人都一起聆聽這個計畫，讓大家都清楚明白，沒有任何困惑混淆。我把全校行為規範制度投影出來，仔細地解釋每一條規則、懲處和獎勵方式。我不斷強調我們會非常嚴密地監控這個制度的落實。為了確保每位學生和教職員都在同一條線上，非常清楚這個制度，學校開學的前五天，我每天都舉行同樣的集會活動。我永遠不希望聽到任何人說她不知道哪一條規定、懲罰，或不清楚我們想要學校變得有趣的希望。學生們可以厭煩不斷聽到這個制度的說明，但是他們不能說他們不知道這個制度。

第五天說明完行為規範制度之後，我要求每位學生在公告的手冊上簽名。在那本手冊裡，有一份為學生和家長準備的行為規範制度書面資料。他們的簽名代表的是校方已經向他們解釋說明過這個制度，而那份書面資料是讓他們帶回去給家長看的。

從開學的第五天到最後一天，每一天都會有一組擁有優秀組織能力的團隊人員在監控、管理這個全校行為規範制度，當然，傑克森小姐是總統籌，負責確保每一個人都盡責做好這個制度的每一部分，因為，如同我先前說過的，她天生就擁有組織的才能。在每一次的領導團隊會議，我們都會討論到這些絕不妥協校規，不過我們一開始制定的這五條規則，從來都不需要調整修正。顯見我們制定的規則是對的，而且進展得很順利。

在二〇〇五到二〇〇六學年，學校裡發生的嚴重意外事件從一百三十件降低到二十件。為了讓羅德斯高中變成一所學校，我們需要全校性的行為規範制度，學生應該知道他們被期望表現的行為，高中應該反映真實的世界：你會因為卓越表現而得到獎勵，也會因為違反法律而受到懲罰。這就是我們讓這些女學生脫離從學校到監獄的人生軌道的方式，當他們還在學校的時候，我們就教他們這個制度。

在開學了幾天之後，我們又回到了教師專業發展訓練。這次我在研習時段結束時，播放的是電影《鑼鼓喧天》（*Drumline*）的片段，鼓號樂隊的領導者問：「我們的信念是什麼？」所有的樂隊成員說：「一個樂隊，一個聲音。」我的教職員現在不再是坐在會議室相對的兩邊了，因為我們深思熟慮的計畫：建立關係、教與學以及校園安全，我們終於開始像一個學校團隊一樣的運作了！一個樂隊，一個聲音。

想想你的領導力

清楚傳達、溝通翻轉組織的系統制度，是重要的關鍵。你需要每一個人清楚了解你的計畫，以及為什麼計畫裡的相關組成元素是你關注的焦點。身為領導者的你，應該花時間仔細透澈地解釋每一件事情。整個翻轉組織的團隊必須了解有些策略是絕不能妥協的，因為領導團隊已經完成研究並且對這個策略很有信心。一個系統或制度一旦揭幕，另一個監控與調整的系統就必須跟著啟動並堅持落實。

留意檢視：為了你的組織能夠成功，絕不妥協的事項。

給你的問題：

- 你要如何對所有利害關係人揭開你制定的系統制度的序幕？
- 能夠為你的組織帶來正向結果的「絕不妥協事項」是什麼？

8 實施 Implement

要讓羅德斯高中變成一所真正的學校，需要做到的所有三個重點領域都已經處理了，而且促成改變的系統制度也正式實施了。在整個學年當中，要堅持做到我們的「一個樂隊，一個聲音」座右銘，著實遇到了不少挑戰。費茲西蒙斯高中舊有的教職員相信這些系統制度，但從羅德斯高中來的教職員卻持續不斷地抱怨工作負荷量，也常說這些期望是不切實際的。

實施教與學系統的結果證明，這對老師們來說是最大的挑戰。為了協助老師們持續在這個領域嘗試改進教學，領導團隊決定要讓學生也加入教與學的歷程。學生們開始要求老師遵守每日的教學模式，即使是在老師們不想做小組教學的時候，他們也會對老師們強調小組教學的重要性。他們向老師們說明他們很喜歡在上課時間裡獲得他們需要的協助，因為許多學生沒辦法在放學後留下來接受輔導。不過，即使學生的反應是挺受歡迎的加分，而且我們非常欣慰看到學生逐漸開始對自己的學習負責，但老師們仍然不停地抱怨為了進行有效的小組教學所需耗費的規劃設計工作量。儘管如此，因為這是絕不妥協的事項，所以他們還是努力向前邁進。在羅德斯高中的第一年結束之際，我們設法做到了提高數學和英語的測驗分數，但還是尚未達到賓州政府設定的合格年度進展（Adequate Yearly Progress, AYP）的目標。我們慶祝我們的成長進步，但是合格年度進展才是我們瞄準的目標。

雖然，許多的老師和職員認為，我們差那麼一點點而未能達成目標，是某種的陰謀導致的，但我善用那股力量，讓每個人更聚焦重點也更激勵自己的內在動機。我們有一個很偉大的教與學系統已經就定位了，而且教學模式也是所有研究指出的理想模式，但是我們還是遺漏了某樣東西，領導團隊和我開始追尋這個答案。

我們在二〇〇六到二〇〇七年開學之際，下定決心要達成我們的合格年度進展目標。我們整個夏季都在檢視資料，想要找出我們的教與學系統究竟遺漏了什麼。有一天，當我們正在開領導團隊會議時，我們的教育管理組織（EMO）督導突然來訪，他走進來，並且說：

你們有一個很好的教與學系統，你們集中注意力在處理課程、備課與設計、教學的實施，你們取得學生的接納與信任，你們有教學觀察和回饋，但你們遺漏的是：沒有持續嚴密地注意與分析學生是否精熟的資料。你們的關注焦點是否放在深入探究與記錄學生們精熟了哪些能力、尚未精熟哪些能力？是的，學生的測驗分數是提高了，但根據州政府的資料，而不是老師的資料，學生們精熟了哪些能力？哪些能力是他們還需要練習與精熟的？你們知道嗎？老師們規劃小組教學時，有把這個放在心上嗎？老師對學生的分組是根據學生有哪方面的學習需求來安排的嗎？

雖然我會運用資料來做出許多決定，但我必須承認，我未曾以他說的方式來運用資料。我們已經試過其他的所有辦法了，這一定是那個遺漏的變因。小組教學變得更加重要，它是我們針對每一位學生設計的補救和加速教學計畫，是我們針對個別學生所不知道和不了解的地方，提供教學輔導的時間。

我們請老師們檢視學生的資料，並且根據學生有學習困難的領域或可以進階升級的領域來進行分組。在小組教學時間裡，重點也變成那些特定的學科內容。我們要求老師為每個能力指標收集資料。在這個過程中，老師們又再次針對工作負荷量產生許多抱怨，而我也再一次跟他們解釋，教孩子學會他們必須知道的東西，對老師而言並非過分、難以達成的要求。許多老師並不同意我的說法，但是當他們見證到學生學習的證據時，越多越多人願意加入了。

我們越來越嚴密地檢視個別學生的資料，我們知道每一位學生知道與不知道的技能。我們根據他們所需要的學習支持，搭配基本規範學習內容（eligible content），給予他們額外的家庭作業。賓州教育部對「基本規範學習內容」有非常具體明確的定義，指的是州政府測驗所要評量的技能與概念，這樣的學習程度被認為是測驗的上限，可以幫助教育者確定這個測驗所包含的內容範圍。

在第一次的檢測之後，研究結果指出我們應該提供更多時間讓學生投入學習任務當中。作為改善學生學習的一種策略，領導團隊覺得有必要在教與學系統再加入一個元素：「更多投入學習的時間」。

這個元素是困難的。對我們的學生來說，放學後再留下來是不可能的事，他們當中有許多人是媽媽，他們要工作，或者必須照顧家人。我們了解這些狀況，所以必須在上學時間當中更進一步補救他們的學習。所以，我們轉而檢視總日課表（master schedule）來找出時間。我們能夠進行補救教學的唯一空檔就是午餐時間，它有五十分鐘，我們開始提出問題：「學生需要五十分鐘來吃午餐嗎？」我們決定答案是「不需要」，所以我們設計了一個時段叫做「午餐外加輔導」，學生花三十分鐘吃完午餐，剩下的二十分鐘就接受教學輔導或諮商。需要學業幫助的學生，接受資料導向的技能教學輔導；欠缺學習信心的學生，就跟輔導人員進行心理諮商。「午餐外加輔導」讓我們能夠提供更多投入學科領域學習的時間，在此過程中，也能處理許多亟需處理的社交和情緒方面的議題。

當學校裡發生所有這些事情的同時，我自己也有一些私人的嚴峻難關。我的母親生了重病，她有糖尿病，還有許多併發症，多年來她總是會恢復正常，但這一次不一樣。我每天學校的工作結束以後，我會到醫院陪她一段時間，並且跟她有很深的私密對話。我的母親是我生命的基石，她是我的英雄，她把照顧三個小孩視為生命中最重要的工作。對我母親來說，教育代表一切。她總是說，窮苦的生活應該會讓你們非常重視教育的價值。她也一直相信教育是我們脫離貧窮的方法，這也是為什麼每次搭公車上學的時候正是教導我們有關我們的生命可能擁有什麼的時機。她的健康狀況每況愈下，當我想去探望她時，我會問她要不要我請假去陪她坐坐，她總是回答不要！她會說：「那些孩子需要你，而且我教過你，如果你有一份工作，你就必須去上班。」就算我們是窮人，但我們是有工作的窮人，我母親總是有一份工作，而且她總是去上班。

在學校和醫院之間來回往返，是我那一年的生活方式。她的身體沒有好轉，在面對母親即將到來的死亡之際，我仍然不斷嘗試要讓學校朝正確的方向前進。我的教職員和我非常努力工作，想要達成合格年度進展的目標，我們想要對每一個人證明，我們這些居住在19132郵遞區號的孩子們，可以像其他任何人一樣地學習，只要他們擁有專注投入的老師和一個能夠領導他們的人。

某一天，我到醫院探望母親時，她輕輕地對我說，她已經厭倦這些跟病魔的戰鬥了。他們希望她再動一次手術，但是她拒絕了。我的姊妹們打電話給我，要我做最後一次的努力，說服她動這個手術，再稍微延長一下她的生命。母親跟我非常親密，我發現自己經常是保護她的人。我的果敢武斷是母親從來沒有的特質，她總是柔柔地說話，而我總是大辣辣地直言，湊在一起，我們就是一個最佳團隊。我告訴母親，這是我最後一次請求她繼續戰鬥，但這次我真的需要她再挺身跟病魔戰鬥。她同意動手術了。

在等待手術進行的時候，我不斷地想到學生和教職員，這些想法沉重地壓在我的心上。但是州政府的測驗在幾個星期後就要來臨了，我知道我們已經盡全力做了一切的準備，現在我們所能做的，就是持續運作這個系統，直到測驗那一天。

手術之後，我母親狀況並不好，醫護人員告訴她，她不能回家，必須轉到照護機構去。她反覆地告訴我，她不要去照護機構，她要回家。在母親應該被轉送到照護機構的那一天，她被送回到加護病房。醫生告訴我的姊妹和我，我們必須做出決定，我們還要讓她痛苦的困在這些醫療儀器當中多久，只為了讓她維持生命，只為了我們無法放手？我們決定她實在承受太多苦痛了，而且我們答應過她，在最後這次手術之後，我們不會請求她再戰鬥下去。她是我們的母親，所以我們必須信守承諾，我們不能繼續讓她受苦。她一直以來都是每個人夢寐以求的好媽媽，但她是屬於上帝的。醫療儀器移走了，我們也準備好讓上帝帶她回家，那是她想去的地方。我們不希望她孤單的死去，所以我們輪流換班，每分每秒都有人陪伴在她身邊。我的輪班時間是在每天放學後。有趣的是，我知道母親不會死在我值班的時候，我們一起度過太多美好的時刻，她知道她是我的生命，也知道為了讓她跟我在一起，我願意做任何事情。

我是對的，她沒有死在我值班的時候，或是在我妹妹丹尼絲值班的時候。丹尼絲是她的寶貝，她總是保護她，不讓她痛苦。她在我姊姊安卓雅陪伴在她身旁的清晨六點鐘，回到上帝身邊。安卓雅是大姊，母親做事永遠都有條有序。當我接到大姊打來的電話時，我以為世界會停止轉動。在大姊打電話給我並說出母親死了的那一分鐘，我記得我一直盯著時鐘。在一分鐘後，我又看了一次時鐘，我認為不應該是這個樣子，但時間依然繼續往前走。

在州政府測驗的幾個星期之前，我埋葬了母親。我下定決心要帶領學校達成目標，即使我自己有我個人的難關與挑戰。當測驗的那一週終於來臨時，我覺得一切都很好，因為我知道自己已經做到我對母親的承諾，我答應她在自己接受教育之後，我會給予她一種愉快滿足、沒有壓力的生活，而我也盡己所能地榮耀、保護、遵守和實現這個承諾。同時也是因為我知道我已經做了所有我能想到的每一件事情，好讓我的學生能夠成功。

我們達成了二〇〇七年的合格年度進展，這是我們在羅德斯高中的第二年。同一年，那位跟我說她的學校「不是學校」的女學生高中畢業了。我們已經讓學校變成一所真正的學校，我很高興她能夠待在學校裡見證一所真正的學校可以做到什麼：找到學業的成就，建立品格，教導自我管理的紀律，帶領學生接觸、探索世界，然後送他們走出

校門、進入世界。她不只從高中畢業，而且還上了大學，她是我們第一屆畢業班的學生，而這一屆的大學錄取率達到百分之九十五。

我母親會非常非常地驕傲，我們經常談到我對學生的期望目標。能帶領學生們成功挑戰這次測驗，感覺很好，但是我們還有更多事情需要做。為了讓學校成為一所真正的學校，我們的目標是幫助每個孩子都能在州測驗裡達到精熟的程度。

在二〇〇八年，我們未能達成我們的合格年度進展畢業率的目標，這個評量項目是學校無法控制的，因為我們有龐大的流動人口。九年級才轉入我們學校的學生，在就讀高中的幾年內會搬家好幾次，但是當他們進入第一所高中就讀時，卻仍然算是高一的學生。不過，我們達成了所有的學業成就目標。

然而，二〇〇九年是我們遇到最大考驗的一年。那一年，因為某種緣故，我們學校裡有許多新來的老師覺得這個教學系統的工作負荷量太重了，所以在學年進行當中，在州測驗舉行的八週之前，所有英語老師都辭職了，我們面臨了在測驗前八週卻沒有英語老師可以教學生的窘境。我們深陷困境。領導團隊和我知道，我們必須想出辦法，但一起討論之後，我們還是提不出接替這些英語老師的任何解決方法，代理教師只願意臨時幫忙看管學生，他們沒有能力執行我們設定的教學系統。沒有英語老師，我們該怎麼辦？這個難題在我心中盤旋不去，它讓我坐在藍色領導椅上想了一整天，也讓我多了好幾個失眠的夜晚。我是學校的領導者，就算領導團隊無法可想，但我的職責就是要想出解決方法來。

我要如何在同一時間內替換三位英語老師？我開始統計那三個需要接受測驗的班級的所有學生數，近九十九位學生。我問我自己，我要如何同時教這麼多不同程度的學生？然後，我想到了圖書館，它是一個漂亮的空間，我們已經把所有破損的家具換過了，而且也放了很多臺桌上型電腦在那邊。想到了！我設計了一個計畫，我自己在圖書館裡教所有九十九位學生。我需要兩個人幫忙：傑克森小姐和午間助理。傑克森小姐要確保圖書館裡具備所有我需要的資源，午間助理要幫我處理文書工作，她的職責是替所有的作業打分數。我還需要有人協助我準備要教學生的資料。然後我思考小組教學的安排，以及個別學生技能發展的教學重點，我發現有一個電腦程式，是以州測驗要施測的每一項測驗指標和基本規範學習內容為重點，而且它跟我們這個學區的課程內容是相符的。我準備好要開始教我的九十九位學生了。

每一天，這些班級的學生被帶到圖書館，午間助理和我會將學生分配到每一臺電腦前面，沒有電腦的學生跟我坐在一起進行小組教學。學生和教職員們認為我瘋了。老師們和其他教職員在休息準備時間會走進圖書館，就這樣瞪著學生跟孤單的我一起學習。我知道他們有些人心裡想著：「這就是她讓我們工作這麼辛苦所得到的報應。」但其他人則是變得更加投入。

有一天，當我在跟學生做小組教學時，有位老師走了進來，雖然這是她的休息準備時間。她不是瞪著我看，而是問我：「威曼校長，我可以幫你什麼忙嗎？」她不曉得的是，這是我單獨一人做這些事的第二個禮拜，而且我開始覺得疲倦了——但是我必須讓它繼續運作下去。我必須讓老師和教職員了解，我是學校的領導者，我不會讓九十九個小孩閒坐教室八週的時間，沒有老師教他們，然後被要求參加州測驗。雖然很辛苦，但是我已經準備好繼續努力向前。我看看學生的資料，然後告訴她某個小組的女學生仍然需要這個特定技能的教學協助。她坐下來，輔導那些女學生，而這是她的休息準備時間。她沒有要求我給她補貼，就這樣坐下來幫助那些學生。她的行動開啟了龐大的支援協助，所有相信我們有能力教導這些學生度過難關的老師們，都在他們的休息準備時間加入我的行列，協助學生學習。我們開始送出獎勵品，好讓學生保持好好學習的動機，而且我們也把一個可怕的困境轉變成一種建立關係的行動。

就算有了全部教職員的協助，但若沒有其他來自校外的支援資源，整個學校大家庭還是沒有辦法克服因為三位英語老師辭職所造成的空缺和巨大阻礙。我們跟維拉諾瓦大學（Villanova University）形成了極好的服務學習夥伴關係，他們的學生每週會有兩次從主線區（Main Line）到北費城來幫忙家教輔導我們學生的英語或數學。這樣的夥伴關係是彌足珍貴的，這些大學生是這麼的有耐心、友善親切，而且樂於助人，每次當他們走進圖書館準備幫助我的學生的時候，我真的很想哭。我需要他們的幫助，而且他們也願意幫忙。大部分的人記得維拉諾瓦大學，是因為他們的籃球校隊位居全國頂尖，但是我的學生和教職員所記得的是，這所大學有夠深的社會關懷，為了確保他們幾乎不認識的孩子在生命中能夠擁有機會，他們願意如此付出。

我一直在圖書館裡進行教學，直到州測驗的時間來臨。我錯過了很多的規定截止期限，許多的會議也遲到了。當我必須參加某一個會議的時候，我會教導其他人怎麼樣代替我經營這個教學流程。不管我在不在，這個課程都必須持續下去。

在二〇〇九年我們參加州測驗的前一天，領導團隊舉辦了一個集會活動，我們稱它為「推一把」集會。我們想要告訴所有的學生他們有多特別，跟他們說我們對他們的努力感到非常驕傲；我們提醒他們，他們很聰明、有才智，已經做好萬全的準備可以參加

測驗，並且告訴他們，我們對他們的期望。然後我決定為他們上一堂歷史課，既然我的學生百分之百都是非裔美國人，我請其中一位歷史老師幫忙製作了一份有關非裔美國人的歷史簡報，強調非裔美國人所做過的許許多多的犧牲與奉獻，為了讓他們有能力大膽夢想。我舉了許多歷史上的例子，在非常艱困的時代，有些人被要求必須突破他們的環境限制、爭取卓越成功的表現，而他們做到了。我告訴他們，現在輪到他們了，他們要好好表現自己是真正受過教育的人，而且正走在為下一時代的美國歷史創造不同新頁的路上。在集會的最後，我們告訴他們，我們有多麼愛他們——**非常非常**地愛。

在二〇〇九年，我們再次達成了合格年度進展的目標，每一個人都欣喜若狂！我們以團隊共同奮戰，完成了我們的目標，但是我們學生更值得表揚。他們戰勝了要接受測驗的所有恐懼和情緒，並且全力投入，努力讓他們自己和學校覺得驕傲。這是我們覺得最驕傲的部分，因為我們一起無私奉獻地做到了。

在二〇一〇年，我們達成了所有的學科成就目標，但還是未能達成合格年度進展的某個指標，那是學校無法控制的，畢業率的計算方式是學區的問題。很清楚明白，我們教學系統的重點是正確的，我們學校整體的制度也是完美的。二〇一〇年的嚴重事故降到只有五件。在過去五年以來，我們學生的學習精熟率，從數學百分之三和英語百分之九，提升到數學接近百分之五十、英語超過百分之五十。我們已經把羅德斯高中變成一所真正的學校，我們為學生、教職員、系統制度，以及最重要的，不計任何代價將之付諸實踐的能力，感到自豪。我很驕傲我們解決了所有一切的問題。所有的學生都能夠學習，只是學校需要領導者來讓這些制度充分就位運作，才能讓所有的學生都能學習。

二〇一〇年六月，我們最後一次的專業發展訓練，我感謝教職員幫助學校的貧窮學生看見他們心裡所想所望是有可能實現的；我感謝老師們和行政支援職員幫助學校戰勝所有的困難。我也告訴他們，我們要謹慎小心，因為我們知道成功的祕訣，而且我也預言，有一天，他們會關閉我們所創造出來的學校——這一所為住在貧窮社區的年輕女學生創立的學校，這一所不篩選學生卻能通過州測驗的學校。他們震驚地看著我，問道：「他們為什麼要這麼做？」我告訴他們：「我沒有這個問題的答案，但是他們會找到一個方法來關閉這所學校的。請記住，我告訴過你們這件事了。」

作為那一年專業發展訓練的結尾，我播放了電影《五心合唱團》（*The Five Heartbeats*）裡的歌曲〈我們還未結束〉（We Haven't Finished Yet），「不管現實變得多麼困難，我們還未結束呢」，合唱團唱著。

當時，我完全不知道，那會是我最後一次在羅德斯高中跟教職員一起進行的專業發展訓練。因為我成功完成第二號學校整併計畫，以及我領導教職員提升學生的學業成就的能力，在二〇一〇年的夏天，上級要求我擔任管轄費城所有高中的助理局長。

想想你的領導力

有時候，你所擬定的成功計畫可能無法達成目標。最好的方法就是一遍又一遍地檢視你的計畫，看看到底遺漏了什麼元素。有時候這需要一雙客觀的眼睛，諮詢團隊以外的其他人士，樂於接受全新的觀點。當你找出行動計畫裡遺漏的元素之後，找到一個方式將它融入現行的計畫裡。沒有必要放棄或摧毀計畫的每一部分，只要找到新的部分該如何融入，並繼續向前進。

你要了解，意外之事總會發生在你個人的生活裡，也會發生在計畫當中，領導者要找到方法來處理這兩種情境。真正的領導者，在一切看似毫無希望的狀況下，仍要持續領導。**領導吧！**

留意檢視：你對於領導的心態。有時候你必須做出所有的犧牲，才能讓你的使命任務成功。

給你的問題：

- 在你的領導角色裡，你要如何處理私人和專業的責任？
- 為了確保使命任務能夠成功，你願意親自去做任何必須做的事情嗎？

9 擴大 Amplify

二〇一〇年七月中旬，我跟學區教育局長開完會回到學校，隨即打包好所有的個人物品，走出羅德斯女子領導學校。離開羅德斯高中，是我在個人職業生涯當中所做過最艱難的事。我珍愛我們所創造的一切，因為我們始終如一的忠於三個目標：建立學校大家庭的正向關係、教與學，以及校園安全，才創造出來的學校。把兩所學校整併為一所學校是一項艱鉅的任務，但是我們成功地做到了，並且創造出一所整個社區同感驕傲的學校。

離開的那一天，我決定傑克森小姐是唯一一個出席來幫我的人，她一直是我的夥伴，從這趟旅程的開始一直到現在這一刻，我不想要其他任何人看到我哭得狼狽不堪的樣子。在滿眼淚水之中，我回想在教育局長辦公室裡發生的事，我知道，是我該離開的時候了。

當我還在度假的時候，教育局長傳喚我到她的辦公室，我知道有很重要的事，但我不清楚這個會議是有關什麼事情。當我抵達她的辦公室，她立即開始對我面試，但卻是我沒有應徵的一項工作，並且詢問我是否願意考慮接受負責高級中學助理局長的職位。我知道這個職位，但從未想過要應徵這個職位。我愛羅德斯高中，而且沒有計畫要離開。在她仔細檢核了這個工作所需要的條件之後，我謝謝她提供這個機會，然後我說：「不用了，謝謝你，我不能離開我的學校。」她的下一句話讓我非常震驚：「你的學校？羅德斯並不是你的學校。」這是我第一次聽到有人說羅德斯不是我的學校，我是羅德斯女子領導學校的創建者，它當然是我的學校。她繼續說道：「如果我想，我明天就可以把你調到另一所學校。」這個聲音讓我內心驚慌不已，「把我調校？」我的心開始狂跳起來。「身為教育局長，」她說：「我可以把你調去任何一所我選定的學校。」

我的神色必然是非常的驚惶不安，使得她冷靜下來並說道：「聽著，威曼女士，學區裡每一個跟我談到你的人，都說你很有勇氣。我需要一個有勇氣的人來領導所有的高中，以及訓練學校的領導者變得更有效能。他們也說你並不畏懼告訴人們你必須告訴他們的話。」當她說這些話時，我開始冷靜下來，更專注地聆聽。「我需要你接下這個職位，因為那正是領導孩子們脫離貧窮所需要的：一個有勇氣的人。同時，為了讓你真正可以幫助需要幫助的孩子，你也必須從內部來看這一切。」在那句話裡，有某樣東西是我無法趕出腦海的：如果你要繼續幫助需要幫助的孩子，你必須從內部來看這一切。

教育局長給了我二十四小時的期限，向她回覆答案，而我接下那個職位了。我需要從內部來看看，我需要進入教育局長的辦公室，了解那些影響我學生的決策是依據什麼樣的理由來決定的。我必須抓住這個機會，親自去見識見識，並且改變我所能改變的，為了孩子們好。

我裝載到車上的最後一件物品是我的藍色領導椅。我一直坐在它上面，直到我必須走出門的時間到，回憶起我坐在這張椅子上所做出的每一個決定。我想著從費茲西蒙斯到羅德斯高中的旅程，以及因為一個學生為我們設定了學校的願景，我們一路走來所完成的成就。我把藍色領導椅放進休旅車，然後開車離開，哭到不能自已。

現在我是五十二所高中的領導者，主要工作是讓學校的領導者為他們自己的領導能力承擔後果、負起全責。二〇一〇年，我開始身為助理局長的生涯，這是一個艱困嚴峻的時期。整個學區裡有各式各樣的計畫正在進行，有學校要關閉、整併或轉型為特許學校，這些都是全新的「學校設施總體計畫」的一部分。我是中央辦公室的新人，所以我做了許多的觀察。一開始，我完全不喜歡中央辦公室的工作，而且經常會為了為何很少聽到「孩子」這個語詞而感到惱怒。雖然我是新人，但在大多數的會議裡，我卻是提醒大家我們為何在那裡的少數人之一：為了孩子們。政治永遠居於前面與中心，那些對話主要都是討論什麼不能做，而不是什麼可以做。每一件事都是某件事不能發生的藉口，沒有人想要為任何事情做出最後的決定。我無法理解這樣的情況，所以我一天一天越來越覺得挫折沮喪。許多被關閉、整併或轉為特許的學校裡的學生也非常挫折沮喪。要獲得確切的答案很困難，惹得每一個有關的人都惱火了。

跟學校的領導者一起工作是我的重要職責。我不斷嘗試讓所有校長能夠有信心又有能力的領導學校，這也迫使我必須經常以身作則做這兩方面示範。這些正在領導學校度過艱困時期的校長們，比以往需要更多的支持。

有一天我接到一通電話，通知我馬丁路德金恩高中的學生預定在中午十二點開始罷課，因為他們不想變成一所特許學校。我接收到的命令是趕到那邊去，防止學生集體罷課離開校園。我同時也被告知，將會有許多支援人力抵達，幫助我阻止學生罷課。當我

走進那所學校，我跟教育局長辦公室派來的支援團隊會合，一名男性的社區成員和一位特許學校組織的代表準備接收學校，學校的校長和副校長也出席了。我們圍坐在桌旁，試著提出一個我們要如何避免學生罷課的計畫藍圖。這位校長是代理校長，需要許多的支持來協助他通過這個難關。

當我們圍坐桌邊試著提出一個計畫的時候，學校的建築物裡似乎瀰漫著毒氣的味道，感覺它好像就要爆炸，變成一堆廢墟。感覺上，許多人的火氣不斷燃燒、高漲。我請校長告訴我這棟建築物裡發生了什麼事，為什麼學生跟教職員這麼生氣？校長說，這全都是因為特許學校接管的事，以及到底誰有權力決定學校改為特許學校。當他在說話的時候，我一直看著時鐘，我的所思所想全都是我接收到的命令：「最好別讓學生罷課」。我的支援團隊沒有答案。隨著時間流逝，我知道必須要有積極一點的行動才行，我必須領導眾人行事。而我只有一個人，我記得當時我心裡想著：我怎麼可能阻止將近八百位學生罷課呢？

如果我是那位校長，我一定能夠輕易地阻止他們罷課，因為我跟學生建立起來的關係。所以我拿掉我助理局長的帽子，扮演起校長的角色。我的強項之一就是我能夠跟青少年產生共鳴的能力。我不再把焦點放在大人身上，改而專注在孩子身上。關於十四到二十歲的青少年，我很確定知道的一件事是他們喜歡有人願意傾聽他們的心聲。我告訴校長和副校長，幫我把學校裡的所有學生領袖召集過來，我說的不只是那些榮譽優秀的學生或是辯論隊的學生，我說的是那些其他學生會說他們是掌管學校的老大的學生，那些喜歡在走廊上遊蕩的學生，那些喜歡惹出問題的學生，那些在社區裡是大名鼎鼎的硬漢的學生，那些最常被勒令停學的學生。我要求他們召集這些學生，到圖書館跟我會面。結果來了大約六十到七十位學生，而且他們已經準備好要大打出手了。他們帶著他們鮮明的標誌走進來，不斷大喊、叫囂：「罷課、罷課！」我站起來，看著他們的眼睛，以一種堅定但同理的聲音問道：「罷課，為了什麼？」

「在開始回答這個問題之前，我們必須先設定一些基本規則，」我宣布，「我必須專心聽你們說話，不能打斷你們，而當你們有人問我一個問題的時候，你們也必須專心聽我說話，不准打斷我。」然後，我在空中揮了揮手，說：「現在開始吧——一次一個人發言——告訴我發生了什麼事！」他們開始告訴我，在學校要轉型成一所特許學校的過程中，他們所看到的每一件不對的事。「我們不想要變成特許學校。」「我們不想穿制服。」「我們不想失去我們的老師。」我告訴他們繼續說、繼續問我問題，有些學生很粗魯無禮，有些學生挺親切友好的，我聆聽他們所有人說的話，我聆聽並且跟學生談話，一直到上午十一點五十分。罷課設定在中午開始。我說了太多太多的話，所以我的管理者走進圖書館的時候，我完全沒有聲音了，當我張開嘴巴，你幾乎聽不見任何一個音跑出來。

結束我們的對話時，我告訴他們，他們的心聲都被聽見了，我們一定會做出適當的回應。我以我僅剩的最誠懇的聲音，對他們做出這個承諾。然後我看著時間在時鐘的滴答滴答聲中流逝。「現在，我請求你們，請取消學生罷課的行動，」我繼續說道，「你們發起這個罷課，是為了要有人傾聽你們的聲音，我聽見了。這所學校是我統轄範圍裡的學校，我答應你們一定會做出適當的回應。」然後我提醒他們，我已經先做出一個適當的回應了，我聆聽你們的聲音。滿滿是人的圖書館，瞬間沉默無聲。接著，學校的廣播系統宣布：「罷課取消。」

下一分鐘，我屏住呼吸，向上帝祈求這將近八百位的學生不會走出學校的大樓。新聞媒體的攝影機已經架好在外面等著了，但罷課的行動沒有發生。報紙報導有大約七十位學生罷課走出學校，但那不是事實。中午走出學校的學生本來就有工作排班，只是依照他們正常的時間離開。他們當中是有人拿著抗議牌，但那些是他們原本預備罷課出走時所準備的牌子。

那是最初許多意外事件當中的一件，我必須以身作則示範，讓我所帶領的高中校長了解如何領導。跳脫框架的思考，甘冒風險，不惜一切，並且祈禱你擁有足夠的能力可以在最後贏得勝利。記住你做的很好的是什麼，並且在各式各樣的情境場合裡運用這個能力。有時候，你就是必須盡力一搏，這就是我想要示範給我的校長們看的：盡你所能！我還希望那一天我示範了信心和能力。順帶一提，馬丁路德金恩高中最後並沒有變成特許學校——那些學生到最後真的贏了。

作為助理局長，我最喜歡的是領導校長們。擴大我的領導能力，能夠幫助學校領導者幫助孩子，是很棒的經驗。我能夠近距離認識每一所高中，並且觀察每一位校長和他們各自所領導的學校大家庭的獨特性。

離開羅德斯高中是難的，然而，教育局長是對的。從內部看到整個學區如何運作是非常大開眼界、而且經常驚心動魄的經驗，你開始理解為什麼學生的處境會如此艱難嚴峻，如果所有孩子都要能夠成功的話，中心辦公室和所有學校必須具體實踐「一個樂隊，一個聲音」的座右銘。身為高級中學助理局長，我有機會去學習和體驗各種事物，而這些在未來都會是無價的智慧。只不過，在當時，我還是忍不住想：「為什麼是我？」為什麼教育局長選擇了我，讓我從內部看這一切？

想想你的領導力

一旦組織的翻轉改造發生了，而且這個組織已經擁有焦點和願景，現在可能是你該尋求新的挑戰機會的時候了。離開你協助開創和建立的事物，可能是很難的事，當機會來臨時，想一想這個機會為什麼可能會變成一個體驗成長的時機。身為領導者，成長的唯一方式就是展開新的領導角色與生涯，那個壓力可能難以抵擋，但卻是必須的。人們會走進你的生命，並且強迫你去看你沒看見的事情。這些人的出現，是為了要引領你在旅程上更往前邁進，而且他們會見證你在領導角色上的轉變。

留意檢視：何時應該接受更大、更上層的領導角色。

給你的問題：

- 你能否看出一些跡象或徵兆，顯示現在該是你擴大與開展領導影響力的時候了？
- 什麼樣的情境會導致你發揮出別人可能不知道你擁有的能力？

10 準備 Prepare

在我擔任高級中學助理局長的第二年，學校設施總體計畫繼續控制著我的工作。學校關閉、整併、重新安置和轉型為特許學校，是中央辦公室和社區裡每一天對話討論的主題。沒有人想要關閉學校，也沒有人想要他們的學校被關閉，但是學區還是維持立場：學校建築物過低的利用率會耗費大量的經費，學區就是無法負擔。整個學區是一團混亂，我們必須找到節省運作開銷的方法，但是沒有任何一所受到影響的學校想聽到刪減經費，對他們的學校造成衝擊。到各社區召開的會議也很粗暴，當我試著對多年來住在學校附近的社區居民解釋他們的學校必須關閉時，他們對著我大吼大叫、語出威脅，這些都讓我夜夜傷神、疲憊不堪。

諷刺的是，我發現自己竟然在主持可能要關閉我自己以前就讀的高中的社區會議。站在學校禮堂的前面，看著一大群人試著表達他們對於這所學校應該繼續運作或關閉的想法，感覺很奇怪。當我以助理局長的身分站在那裡的時候，我只想到一九七六年我坐在同樣的禮堂裡，見證所有的混亂，非常後悔沒有聽從母親的建議去另外一所學校就讀。我想到我在這學校所受到的貧乏糟糕的教育，以及我決定要上大學的決心。站在那裡，我覺得好難過，但也想到生命最終還是完整的繞了一圈。這所學校的歷史悠久，有許多重要的畢業校友，但是只有一小部分的人站出來，想拯救學校不被特許組織接管。我們那天晚上布署了許多維安警力，因為我們覺得這個社區會議可能是目前為止最糟糕的一次會議，但是它卻平靜無事。我一邊聽一邊了解到這個學校對我來說已經毫無意義，而且那少少的到場人數也顯示出這對其他人來說也不是一件重要的事了。在會議的最後，我感覺到一種結束的解脫感。這個學校會被特許學校接管，而且沒得商量，就這樣了。我體認到，我在這所學校的經驗，幫助我形塑了我生命的目的：透過教育來拯救貧窮的孩子。突然之間，我放下了所有的憤怒，並且明白了一切本來就應該如此發生。

在二〇一一到二〇一二這個學年，學校改革委員會（學校董事會）和教育局長辦公室受到越來越多的壓力，按照學校設施總體計畫的每一次建議，必須做出越來越多關於關閉學校的決定。在名單上有許多學校，其中一所是費茲西蒙斯男子領導學校，它之所以會被列在名單中，是因為它的註冊人數低於四百個學生，而學校建築物的容積率可以容納超過一千個學生。同時列在名單上的還有羅德斯女子領導學校，羅德斯有將近四百個學生，而學校的容積率是接近一千二百。造成這兩所學校的低註冊率有許多的原因，許多家長並不喜歡男女分開的學校，而且即使經過大幅改造之後，這兩所學校的名聲還是挺糟的。同時，學校選擇權給了學生許多他們過往所沒有的選擇機會，而且那個社區裡的特許學校發展得非常迅速。

在學生、教師、工會聯盟、社區團體和家長們的長期抗戰之後，最終的決定是關閉費茲西蒙斯男子領導學校，重新安置羅德斯女子領導學校到另一棟建築物去，並把羅德斯學校建築變成一所八年制學校（幼稚園到八年級）。教育局長認為羅德斯學校的大樓如果改成八年制學校，就可以服務更多的學生，這樣也就能利用更多的建築空間。

看著這些決定逐步發展，很令人心碎。我在關起來的門後辯護著為什麼羅德斯高中不應該被重新安置。費茲西蒙斯本身有比空間更急迫的問題，所以就算它從我接管的那

天開始已經有長足的進步，但我知道我贏不了這一場抗辯。夾在對中央辦公室團隊的忠誠以及對自己創立的學校的愛之間，我感覺如此撕裂、難以抉擇。先前，不到十年以來，投注在創立這兩所學校的所有辛苦與努力，現在完全付諸流水。我回憶起我跟羅德斯高中教職員的最後一場對話，他們問我：「他們要怎麼關閉學校？我們每一年都達成了學業成就的進步目標。」我告訴他們我不知道他們會怎麼做，但他們會找到方法的。在我心底，我其實是知道的，結果證明我的直覺是對的——而且諷刺的是，我是關閉它的團隊的一分子。

當費茲西蒙斯即將關閉、羅德斯要重新安置的消息發布出去，那天傍晚我的電話鈴聲響翻天，曾經出席最後那場專業發展訓練會議的前同事教職員們打電話來問我，是否還記得我最後跟他們的對話。

他們並沒有稱它為學校關閉，因為羅德斯這所學校並沒有關閉，它回到原本的校名：E. W. 羅德斯中等學校。但是我當校長時的那所學校已經不存在了。他們把七和八年級學生留下，然後從其他學校把幼稚園到六年級的學生轉過來。九年級到十二年級的學生會被重新安置到別的地方，從費茲西蒙斯和羅德斯高中來的學生會整併成一所名為莓屋高中的學校。

莓屋高中之所以被選中，是因為它的建築容積率可以容納超過一千六百位學生。在那個時候，學校裡只有少於四百位的學生。而且這個學校剛經過全新裝修，它有最先進的科學實驗室，全新的烹飪設備，還有一間漂亮的新圖書館。以一所最先進的學校來說，整棟建築物的構造是很理想的，這所學校未來能變成什麼樣子的可能性是最大的焦點。但是，莓屋高中有許多內在的問題，校長不斷換人，對學生和教職員的暴力攻擊頻傳，警方拘捕學生，違法持有槍械武器等等，使得他們已經連續五年名列在全國「持續危險級」的學校名單當中。除此之外，莓屋、費茲西蒙斯和羅德斯長久以來都是相互較勁的敵人，他們全都位於北費城第三十九和第二十二警方管轄區內，這些區域內的犯罪非常猖獗。在整併案開始之前，領導莓屋高中的工作對我的團隊來說是很大的問題。想要成功領導兩所整併學校併入莓屋高中，需要很多很多的籌備與計畫。

在社區公聽會上，我們承諾費茲西蒙斯和羅德斯高中的家長和學生，他們不會被強迫進入莓屋高中。他們被告知，如果他們符合其他學校的學業成績要求，在高中選校的過程中，他們可以第一志願進入那所學校。這個消息讓費茲西蒙斯和羅德斯高中的家長感到振奮，他們將之視為一個機會，可以讓他們的孩子進入比原本更好的學校，且避免被送入莓屋高中。

我把自己的注意力從學校關閉和重新安置的沮喪中，轉移到對家長們解釋這會是一個大好機會來讓他們的孩子爭取到「高品質座位」（這是我們常用的術語，用來代表學生從一所低成就表現的學校轉到較高成就表現的學校）。想到這樣的好事能夠發生，我覺得很好。我個人親自跟費茲西蒙斯和羅德斯高中的許多家長談話，並且對他們解釋選擇一所學校的過程。如果我不能讓學校繼續開著，至少我可以確保孩子們能夠進入他們選擇的學校。

我協助整個過程的進行，要求目前的每一位校長發展一套程序來決定這些學生想要上哪一所高中。校長提供學生們的選擇給我，然後我把它們送交學生安置委員會。學生安置委員會的代表和我在許多場合裡商談這些男學生和女學生要去上哪所高中，但是我們在為許多學生取得他們選擇的學校同意入學這件事情上，卻不斷地遇到問題，有幾位校長表示他們不願意接受費茲西蒙斯和羅德斯高中的學生，即使他們符合入學條件或只差那麼一點點，比如遲到次數只比規定的上限超過一次。我實在太挫折沮喪，真想強迫這些校長直接接受學生，但有人建議我不宜使用這種策略。

因此，對於大多數費茲西蒙斯和羅德斯高中的學生來說，只剩下一個選擇，他們會被分配到莓屋高中。

我沒有接到太多來自男子學校的學生或家長的電話，所以他們大部分的人都留在進入莓屋高中的學生名單上。但女子學校的狀況就不同了，女學生們寄出了許多封電子郵件，詢問她們的新學校確定沒。我已經跟她們保證她們最後一定會進入適合她們的學校。在我的心裡面，她們還是我的學生，而我仍然是她們的校長，對於她們，我有一種無法卸下的責任感。我跟許多家長談過話，他們對學生必須離開羅德斯高中感到傷心，也對我身為助理局長卻無法拯救這所高中被重新安置的命運感到失望。每一天，我帶著沉重的心情去上班。誰會來照顧我的學生？我在羅德斯高中當校長時的七年級學生，現在是十年級了，我認識他們每一個人。

其中有一個學生非常特別。她是很優秀的榮譽學生，而且在學校非常勤勉用功，她很親切，是個領袖人物，聰明、尊重師長，而且立志要上大學。她是那種人見人愛的學生。對我來說，她永遠是特別的。我必須確保她進入對的學校。

某天，當我坐在辦公室的藍色領導椅上，我收到消息，她無法進入我認為我已經讓她安全進入的那所學校。我極度震驚。最後發現，她和其他同學是在六月分學年最後一天，才收到學校輔導員通知她們有關二〇一二學年學校安置的事情，輔導員依據她收到的、有我正式簽章的學校安置委員會通知，告訴學生們這個訊息。每個學生離開學校去

過暑假的時候，都相信她們會去莓屋高中以外的學校，即使她們手上並沒有收到任何書面資料。八月分，我的榮譽學生收到一封來自學校安置委員會的信，通知她被分配到莓屋高中，而不是大人們承諾她已經獲得特別入學同意的學校。她的父親打電話給學校安置委員會，並且被告知，因為在名單上的某些女學生不符合入學要求的條件，所以校長決定所有人都不錄取。我覺得自己嚴重失信於她和她的父親，感覺真是糟透了。從我自身的經驗，我知道如果莓屋高中的這些問題沒有矯正、改善的話，她進入這所高中以後會變成什麼樣子。

身為所有高中的領導者，我知道為了確保所有的學生都安全並受到良好教育，我必須做的第一件事就是找到一位能夠處理三所高中整併方案的校長，而這個方案相信是費城地區首創之舉。如果我不能阻止整併方案或讓學生進入比較好的學校，那我必須確保這個整併方案能夠成功，而讓這個方案能有成功機會的唯一方式，就是聘用一位很有能力的學校領導者，但是在找遍全國的校長之後，我找不到任何適合這個職位的候選人。我經常無法入眠，擔心著如果找不到有能力的校長，那麼學生的安全堪慮。我開始在學區內尋找人選，列出歸我領導的五十二位校長的名單，我的團隊和我分析、檢核每一位校長，仔細看他們的強項和弱點，這些詳細的檢核會議，最終從五十二位校長當中，只挑出一位候選人。

如果你還記得這本書的引言，那麼你已經知道接下來發生的事了。

我體認到自己應該去莓屋高中，我是唯一一個真正已經準備好去這所學校的人。我曾經經歷過另外兩次的整併方案，這是費城地區其他的校長所沒有的經驗。我知道當學生們進入莓屋高中時，他們將會面對什麼樣的局面，因為莓屋高中目前是在我領導的範圍內。他們不會注意到學校硬體環境經過全新整修，因為種種的情緒狀況會摧毀他們。我知道為了讓這所學校成為一所真正的學校，它需要跟費茲西蒙斯和羅德斯高中一樣的願景。我曾經是羅德斯和費茲西蒙斯高中的校長，也非常了解那邊的學生、家長和社區；我在同樣貧窮不堪的鄰近社區裡長大，上過同樣社區裡的爛學校。在費茲西蒙斯高中，我發現了貧窮學校的願景應該包含什麼；在羅德斯高中，我發現如果願景很清晰、系統制度能建立，那麼成功的整併方案是有可能達成的。而身為助理局長，我更加鞏固了校長能夠改變學校的想法。總而言之，我已經準備好，可以領導這三所高中整併成為莓屋高中，這也就是為什麼它是上天指派給我的任務。

我回到我的辦公室，坐在藍色領導椅上，計畫著最後一次跟我的五十二位校長的會議。在六月分，我告訴他們我將會離開這個職位，為了去領導莓屋高中；我告訴他們，這三所學校的孩子是我的責任，我必須確保他們安全並受到良好的教育。有些校長開始哭了起來，因為他們知道我非常在乎他們和我的職位，但是那些孩子是我最重要的責任。我告訴他們，如果我要繼續領導，我必須以身作則去領導，那些學生是我的責任，正如同他們的學生是他們的責任。我進一步解釋，領導能力很複雜，也是受到目的驅動的，當你心懷重要的目的去領導的時候，你會找到自己定義的個人成就與自我實現。

在二〇一二年七月一日，我打包了幾個箱子，搬遷到莓屋高中。這一次，我沒有像先前離開羅德斯高中的時候，自己搬運藍色領導椅。離開我愛的工作，我有一點哀傷，而且我也不想推著領導椅走過長長的走廊到我的休旅車旁邊。我讓他們替我搬運領導椅，跟其他的個人物品一起搬運，代表著我助理局長職涯的結束。我希望，在我抵達莓屋高中時，藍色領導椅已經在那邊等著我，象徵著我堅定不移的領導力，以及我願意對那個社區的學生付出奉獻的精神。當我抵達學校，第一次重回我的校長角色時，我需要看見某樣東西，某樣增強我的信心和能力的東西。

我被上天選中要**領導**，而那正是我打算要做的事。

想想你的領導力

在將近二十年後，我回首看著當初我決定離開教室、成為一位全新的教師督導教練，想著兩個月之後我怎麼會變成校長，我突然明白了，這些經驗全都是為了未來更大的計畫。

回頭看看你自己的領導之旅，你會看到一些跡象或徵兆，表示你已經準備好接受你的任務。把那些跡象或徵兆筆記下來，並且把那些點連結起來，一個設計完善的圖像將會浮現，引領你走向迄今為止最偉大的翻轉改造組織的任務。

留意檢視：迎向更大的任務，你的準備狀態。

給你的問題：

- 你的領導作為是否引領你走向你真正的生命目的？
- 你是否忠於你總體的任務和使命，就算你必須換到另一個職位來看待和執行這個任務？

11 膽量 Audacity

二〇一二年七月一日，我在莓屋高中附近停好車，但我沒有辦法讓自己走出車外。我從停車場這邊盯著對街的建築物。我坐在車裡，看著孩子們玩耍和走下街道，我忍不住問上帝為什麼我必須到這裡來。不安全的危樓沿著街道排列，而我知道有不少家庭住在這些危樓裡面，因為他們沒有其他的地方可以去。垃圾處處皆是，每一個街角都有年輕人站在那邊、無所事事。我在想，不知道那些年輕人裡面有沒有我的學生。

我已經花了整個生涯的時間，試著幫助年輕人脫離貧窮，因為我有親身經驗，我知道貧窮的生活是什麼樣子。我非常努力工作，為我的家人創造中產階級的生活，但是我無法逃離「貧窮」，因為幫助其他人對抗它已經變成我的任務和使命。看著孩子每天生活在貧窮之中，對我來說是相當痛苦的，它把非常多的記憶都帶回來了。但是，知道我的工作可以幫助一個孩子脫離貧窮，會讓我每一天變得精神百倍，這樣的想法促使我走出車子，慢慢地走到對街去。我已經做了決定要領導莓屋高中，但我忍不住覺得有點消沉。如果要我指出情緒消沉的源頭，我必須說我覺得無力，在監督管理五十二位校長之後，緊接著領導一所學校，是挺難的一種轉變。

我伸出手想打開學校的前門，卻發現門鎖著。我試試其他的門，也全部都鎖著。我一拉再拉，然後嘗試用一把別人給我的鑰匙開門，仍然打不開。我打電話給傑克森小姐——她已經跟著我到莓屋高中工作了。她告訴我必須走後門，因為前門有鐵鍊綁著。當我仔細檢視學校建築物前面的門面時，我注意到訪客的標示牌不見了，你可以看到牆上有一塊比較淡的地方，是這個牌子以前掛放的位置。當時這並沒有意味著什麼，我只是注意到它而已。

當我開著車繞到後面，進入學校後方時，我心裡面覺得有個東西不對勁。從後門進來讓我覺得受到冒犯、被輕視，而且感覺自己不重要。為什麼這些孩子要從後門進來？前門出了什麼問題？在進門的時候，我注意到後門入口處有一個訪客的標示牌，訪客也是從後門進來嗎？老師、家長和客人呢？

當我終於進入學校，我的腦海裡閃現費茲西蒙斯高中的畫面。我聽到我的腦海裡再次響起「小姐，小姐，這不是學校」的聲音。走廊黑暗無光，像夜晚一樣。有好多好多排的人造植物，上面的灰塵看來已經堆積很多年沒有撣去了。牆上貼著老舊、褪色的布告欄，學生的藝術作品一定貼在那裡很多年，紙張都已經褪色了。幾乎每一間教室裡都有一堆又一堆的垃圾和破損的家具。中央辦公室把各類材料堆積在沒有使用的教室裡。幾間教室裡有髒汙的地毯，有些教室裡堆著室外的電話線。大辦公室裡的玻璃從一九六一年裝上去以後就再也沒有清理過了，站在辦公室裡面，你沒有辦法看到外面走廊的情景，那些玻璃就是這麼的骯髒。大辦公室裡有一些隔間，能夠防止祕書看見有人站在櫃臺前，而且這些隔間的架設方式很牢固，如果沒有重新大整修的話，你永遠沒辦法把它們拆掉。

所有的一切是如此令人難以忍受，但缺乏光線照明這件事最讓我抓狂。黯淡的光線，導致我所提及的這些東西都沒有被注意到。只有當你非常靠近，用非常個人的角度來觀察的時候，才有可能看到它們。它就是這麼的黑暗。我走到電話機旁，打電話給設備管理督察，彷彿我還是助理局長一般，我開始對著接聽電話的一個男人大吼：「現在馬上過來！如果我什麼都看不見，我是要怎麼經營一所學校？」能對設備管理督察大吼大叫，讓我覺得好過一點了，因為我認識所有中央辦公室的人員，不只因為我是一位校長，而是跟他們同等地位的人。我對自己做過一項承諾，如果我要負責這個整併方案，那麼學區也要信守他們對這個社區的每一項承諾，盡最大努力讓這個方案落實成真。而這就從裝設新的照明設備開始。

我第一天在那棟建築物裡所見的景象，實在是太令人沮喪、難過了，學校走過一遭之後，我所能做的就是尋找我的藍色領導椅。它竟然不在總辦公室裡。那裡有層層疊疊、一排又一排的箱子需要檢視，因為從整併的學校送過來的所有東西都堆在莓屋高中裡。我到處尋找我的藍色椅子，並且詢問每個人，就是找不到。我開始感到驚慌失措，我告訴每個人他們必須找到我的藍椅子。

我叫我的特別助理打電話到中央辦公室，看看椅子是否被送過來了。他們回答說早就已經送過來了，但是它在哪裡呢？那張椅子已經變成我的領導力的代表，沒有它，我開始質疑起我的整個決定。我開始問上帝：「為什麼是我？我只是一個人——我怎麼可能在一個像這樣的地方做得成任何事情呢？為什麼這是我的任務？」但是，我很快地控制自己、冷靜下來，並且打電話給傑克森小姐，請她跟我再走一遍，尋找我的椅子。我把我的怒氣全都發洩在褪色的布告欄和人造植物上。每走一步，我開始撕下牆壁上的每一張陳舊過時的褪色紙張，許許多多的灰塵瀰漫在空氣中。然後我把我的注意力轉向那些骯髒、沒有清理的人造植物，一棵接一棵，我把它們丟進大垃圾桶裡。我搬了幾棵擺在外面黑暗走廊上的人造植物，把它們放在入口通道比較明亮的門廊上，並且叫清潔員工把他們澈底清理乾淨。

站在門廊上，讓我想起了要問傑克森小姐關於學校前門綁上鐵鍊的事情。先前的行政人員告訴她，學生們並不會使用學校的前門，每一個人都走後門，因為山脊大道（Ridge Avenue）是主要道路，先前的行政人員不想讓學生們在學校的正門前面塑造一個負面的形象，所以他們決定把前門通通鎖起來，把訪客的標示牌從前門移到後門，讓每一個人都從學校後方進入學校。

聽完這樣的解釋之後，我打電話給建築技師，告訴他把前門每一道鐵鍊上的鎖通通剪斷。然後我要求他去後門，把訪客標示牌帶回前門來掛好。我增加了更多乾淨的植物，擺放在學校前方漂亮的門廊上，這個門廊有挑高的天花板，鋪滿瓷磚的牆壁和地板，以及一幅很美麗的露絲．瑞特．海爾博士（Dr. Ruth Wright Hayre）的肖像畫——她是費城地區第一位非裔美國籍的高中教師和校長，第一位非裔美國籍的公立學校督學，也是費城教育董事會第一位女性主席。為了紀念她，莓屋高中和 L. P. 丘陵小學曾經被命名為露絲．瑞特．海爾博士教育綜合學校，但幾乎沒有人知道這件事。這個名字前幾年被一紙市長公告給改掉了，我們改稱它為露絲．瑞特．海爾博士教育綜合學校裡的莓屋高中。新名字，新開端。

展現完我的憤怒之後，我回到我的辦公室。然後就看到它在那裡了——我的藍色領導椅。他們在層層疊疊的運送物品當中找到了它。我關上房門，坐上我的椅子，思索著我貧窮的生活，我的學生們的貧窮生活，以及母親教我的脫離貧窮的唯一方式——透過教育。那一天，我告訴自己，我會擔任起每一個學生的母親的角色，為他們奮鬥努力，讓他們獲得好的教育並且找到脫離貧窮的方法。那就是為什麼上天派我到莓屋高中的原因。

當設備部門派代表到學校來的時候，他們說了一個又一個的藉口來解釋為什麼莓屋高中的走廊上沒有燈光照明，我一個也不想聽，除了何時要來裝設照明設備之外，我拒絕接受任何答案。我堅持在學生九月進入學校之前要有燈光。我說出各式各樣的威脅，並且針對學校如果沒有燈光照明可能會產生的可怕結果，做了一番添油加醋的描繪。我甚至說：「難怪這個學校有這麼可怕的犯罪率，你幾乎看不見犯罪行為正在發生啊！」在他們了解我不會收下任何的答案之後，關於燈光照明的真實故事終於出現了。莓屋高中其實有固定資產改進的補助經費，特別是照明設備方面的改進。但為什麼它們從來沒有被裝設好呢？為什麼我必須為了早就已經分配給學校的經費，在那邊奮力爭取呢？

在二〇一二年夏季的每一天，我發出一道接一道的命令，要求中央辦公室的人員協助。自一九六一年以來，他們第一次清理了辦公室的窗戶。在燈光設備裝好，窗戶也都清理乾淨之後，我們發現學校的牆壁上有非常漂亮的壁畫，述說著許多歷史的故事。從中央辦公室來的一個團隊把地板上髒汙的地毯全部都換過，移除了所有的儲藏物品，並且清理了每間教室裡的垃圾。他們還額外贈送了我們一座金屬探測器，這樣子我們就能夠安全地開啟學校漂亮的前門區域，讓學生、家長和訪客進入。

到莓屋高中的第一天，我的情緒五味雜陳。我感覺到一種失落感，因為我放棄了學區助理局長的舊職位；也為了我必須決定接受這個挑戰而覺得消沉沮喪。我覺得憤怒，因為這是我的任務和使命；也為了我在這個學校發現的悲慘狀況覺得厭惡反感。但想到學校未來可以變成如何，讓我深受鼓舞；同時我也覺得很愉快，因為我接受了中央辦公室的工作職位，所以我現在才有這樣的立場下這麼多的命令，能夠造成立即的改變。

我的意志很堅決，要把學校的環境改造成有益、有利於即將來到莓屋高中的八百位學生學習的地方；同時我也心存感激，我進入莓屋高中的時候並不像我先前進入費茲西蒙斯高中那樣：孤單一個人，沒有團隊同行。

想想你的領導力

我做出領導莓屋高中的決定，我已經準備好接受這個任務，但是，要讓一切走上正確的軌道，還需要大膽無畏的領導。大膽無畏的領導要求你傾聽他人的說法，但永不接受為何無法改變的藉口。大膽無畏的領導要求你積極推動需要的改變，並且堅持其他人做好他們的工作，直到任務完成為止。大膽無畏的領導需要你願意為了組織的益處而立即做出改變，即使只是小小的改變，小小的改變代表全新的開端。大膽無畏的領導需要你挺身爭取的能力，能夠讓擁有權力的人給予你所需要的資源，好讓你成功達成任務。大膽無畏的領導需要你有效的溝通，以獲取贏得戰爭所需要的一切。

留意檢視：大膽無畏領導的種種特徵。

給你的問題：

- 在大膽無畏的領導過程中，你能否把必須做到的事情付諸實踐？
- 你是否曾想過，為了讓你的組織獲得所需要的種種資源，你必須說什麼？

12 尋求 Seek

在莓屋高中的第一天可怕極了。第二天，我唯一期盼的是執行助理幫我和領導團隊預定的會議。二〇一二年六月二十日，當時我還在助理局長的位置，我收到底下這封來自市長辦公室的電子郵件，而我很急切想跟進了解後續發展：

嗨，琳達，

我今天跟本市管理總監辦公室（Managing Director Office）的代表會面，他們會跟社區合作，一起處理社區居民和領袖所提出的議題，把城市和其他的資源帶入鄰近社區，

幫忙解決困擾社區的問題。他們提到莓屋高中是他們高度關注的優先合作區域。他們在那個社區已經做了一些事，但不是在高中裡面；他們特別想要跟高中合作，執行反暴力的方案。他們跟美國總檢察長辦公室有密切的工作關係，有鑒於莓屋高中即將整併鄰近社區的兩所高中，因此他們非常有興趣想跟莓屋高中合作——也就是你在我們的會議中提到的議題。他們想要跟你見面，在任何你準備好的時候……我希望這個引介對你有所幫助。

在決定去莓屋高中之後，我就一直勇於發聲，不斷表達我對於這個整併方案可能引起的暴力行為的擔憂。關於這些學生所有的行為紀律問題，我有第一手的認識，而且我也被告知，前幾年有人曾經帶槍進入莓屋高中。

在收到了這封電子郵件之後，我的執行助理立即跟信件裡提及的所有人士預定了一個會議，我從我的領導團隊再加了幾個人，而他們相對的也加入了幾個來自城鎮守望相助會（Town Watch）的人。

會議在校長辦公室舉行，這個辦公室裡有一張大會議桌，參與會議的人士多到每個人必須擠一擠才能坐在桌邊。大家這麼熱烈參與會議的反應讓我印象很深刻，也很高興看到這麼多人想要幫忙，不過我在情感上有一點提防、保留，因為我以前見過這樣的情形：每個人都來參加第一場會議，聽取我們有何需要，但會議之後卻沒有半個人回來協助這項工作。但是，我告訴我自己，只要設法取得我現在能夠取得的幫助就好，其他的以後再來擔心。在如何確保每個人的安全這件事情上，我實在承受太大的壓力，為了得到我所需要的事物來保護我的教職員和學生，我願意催促、逼迫完全陌生的人，就算這樣會讓我看起來很專橫霸道。

在我的領導生涯中，我總是記得其他領導者教過我的寶貴領導原則，而且從不遲疑地將它們付之實踐。我學到的特別的一課，來自於先前的一位教育局長，他以前總是這樣告訴所有的校長：「如果你需要某樣東西，盡快告訴別人，在壞事發生之前，就要告訴別人。如果他們沒有幫你，他們會受到懲罰；但是，如果你沒有請求協助而有事情發生了，那就是你要受懲罰。」我從來沒有忘記這寶貴的一課，多年來它讓我受益無窮。今天是我非常重要的「請求協助」的日子之一，而且我完全不覺得丟臉，我有許多人的生命要保護，有一項任務要執行，還有一個目的要達成。

這個會議的議程包含了所有我需要收集的資訊，以及所有我需要的支持與協助。

莓屋高中

反暴力會議

2012 年 7 月 2 日　上午 9：00 – 10：30

議程

會議主席：琳達．克萊特—威曼校長，莓屋高中

歡迎與會來賓	琳達．克萊特—威曼
1. 介紹	所有人
2. 會議理由說明 • 關於「大藍圖」 • 學校設施總體計畫——是什麼？ • 預定會議目標（行動計畫） • 社區需要的支持與協助	琳達．克萊特—威曼
3. 社區當前議題討論 • 過去和目前的衝突／緊張局勢 • 敵對的雙方？哪幾個街區？ 有什麼規矩、信號和標誌？	琳達．克萊特—威曼 與會人士
4. 反暴力行動計畫和支援協助之討論 • 目前有哪些反暴力的資源正在協助處理各種衝突狀況？ • 可以實施什麼樣的反暴力行動計畫？ • 莓屋高中可以信賴誰？ • 安全的通道	琳達．克萊特—威曼 與會人士
5. 這個暑假群組會議的主持討論 • 學生領袖 • 學生定向——九年級學生，舊生	琳達．克萊特—威曼 與會人士
6. 其他的問題和擔憂	所有人
7. 會議重要結論／未來計畫	琳達．克萊特—威曼
8. 散會	琳達．克萊特—威曼

我們針對議程裡所列的項目，進行了一番很有意義的對話討論，同時也歸納出下一步的幾個行動計畫。大家都同意，這個整併方案很值得關切，而且，針對反暴力行動計畫這個議程項目，每個人都提出一個行動建議來處理暴力的問題。這個會議結束了，然後大家也訂出了後續會議的日期時間。

在每個社區成員離開校長辦公室後，我的領導團隊和我仍然留在會議桌旁。末日將臨的氛圍非常沉重，籠罩整個房間，沒有人說出來，但我們全都這樣想。美國總檢察長辦公室負責賓州東區的執行特助，提供給我們有關鄰近社區暴力犯罪的統計資料，讓人不得不嚴肅面對。我們為什麼會決定到莓屋高中來？有四位成員是從我的助理局長團隊陪著我過來的，這四位成員當中，有兩位陪著我從費茲西蒙斯到羅德斯高中到中央辦公室到莓屋高中，有一位陪著我從羅德斯高中到中央辦公室到莓屋高中，另一位陪著我從中央辦公室到莓屋高中。他們之所以讓自己陪著我置身於這個處境，是因為他們相信我的領導能力和我的使命。我默默坐在會議桌旁，思考著很久以前我剛成為一位領導者時學到的：領導者的責任，就是要就著他在實施時期所能掌控的資源，想出一個行動計畫。我還未運用那些我認為即將來到的資源來創造一個計畫。我必須跟現在坐在桌邊的這些人，一起創造出一個計畫。領導團隊和我必須依靠彼此的力量，如果有額外的協助

來到，那也就是：額外的協助。團隊成員和我坐在一起，思考著我們從那些暴力犯罪簡報所聽到的每一項資料，我們討論這些年做了什麼措施，以及基於我們所學到的種種，我們應該預期什麼、採取什麼行動來先發制人。

當團隊深入討論計畫之時，我收到一封電子信件，寄件人是一個我很確信應該再也不會收到他的任何消息的人。在會議進行的時候，我甚至還想著為什麼他會來參加一所高中的會議，因為他目前在美國司法部的工作職位是美國地區檢察官的執行特助。

電子郵件的內容是這樣的：

威曼校長，

非常感謝您今天上午跟我一起開會。能夠再次見識到您在您的職位上，以及對於莓屋高中的學生、教師和家長的熱情和能量，真是讓人打開眼界、耳目一新而且深受啟發。我更深入了解了你們所面對的巨大挑戰，也體會到想要翻轉改造這些存在多年的種種問題將會需要多大的努力。

我想要讓您知道，我將會透過我們討論的計畫方案，盡我所能來支持及協助您和學校。

在我看來，如果我們能夠獲得學校學區裡的人士的認同，這些計畫方案應該會相當容易達成。在過去幾年來，我已經跟學區人士發展出前所未有的絕佳關係，而且，因為我（我的辦公室）被要求要跟莓屋高中合作，我相信他們會非常開放、歡迎我們針對這些問題鄭重展開各種行動。請讓我知道您是否同意我開始聯繫學區相關人士、討論這些問題。

對於我們能夠合作，我感到很興奮，也很樂觀地覺得，我們將會對許多學生產生重大的影響。

美國總檢察長辦公室願意投注資源來協助一所處於危機中的學校。通常，這個社區裡的人想到美國總檢察長辦公室時，他們想到的是他們會把人關進監獄裡很長一段時間。而這一次，他們是要來防止犯罪發生。他們參與這個整併方案，讓我感到如釋重負，但也同時給了我一個更深沉的思考角度：這項任務比我原本想像的更加危險。收到這封回覆信件以及後續支持協助的保證，我感激不盡。

我在莓屋高中的第二天，像第一天一樣的結束了：坐在我的藍色領導椅上，思考著我在會議裡聽到的所有訊息。某種程度而言，知道我的恐懼獲得證實，多多少少讓我有

點放心了，那些恐懼都不是虛構編造的，也沒有被過度誇大，不是只存在我的腦海裡。對我來說，這封電子郵件是實實在在的證據，證明我並沒有發瘋。我正要走進的世界，對每個人來說都是危險的。在我決定要接下這個職位之前，為什麼我沒有想到這個呢？現在擔心這個，已經太晚了。我必須往前看，並且設計完成一個計畫。我必須領導。

想想你的領導力

領導者會為任務未雨綢繆。領導者把握機會提出問題，並且從熟悉和不熟的人那裡取得支持協助。當領導者跟可能的支持者開會時，他們對於自己需要什麼會有一番想法，他們有充分準備，知道如何開啟對話，知道如何引導人們採取行動。他們知道唯一真正可以信賴的人士是自己和團隊，但如果有其他人能貢獻力量，那是額外的好處。領導者從其他的領導者那邊學習，並且聆聽其他領導者分享的重要事物，從其他的領導者所說的話語當中汲取寶貴的經驗與教訓，並且把它們變成你的信念和你的實踐行動的一部分。在進行翻轉組織的任務的時候，永遠都需要別人的支持。欣然接受、善用、尋求別人的支持，並且確定這些支持與協助都是以你正努力嘗試完成的整體任務為基礎。

留意檢視：為了成功完成翻轉組織的任務，你能夠分辨、確認並且找到你所需要的資源的能力。

給你的問題：

- 為了翻轉改造組織的任務，你要如何尋求支持？
- 你是否已經準備好在沒有額外支持協助的情況下，依然奮勇向前？

13 聆聽 Listen

在團隊跟社區的領袖開過會之後，我們比以往更加的擔心這個整併方案。前方逐漸逼近的危險，每天每天都讓我們心力耗損，關於槍械和暴力的談話經常重壓在我們心上。領導團隊已經就位，只有四個額外的團隊成員是在學校開學之前才加入的。傑克森小姐是團隊裡面唯一一位跟我走過我完整領導旅程的成員。這個領導團隊又是九個成員，完美的大小。這個完美的團隊要開始執行不可能的任務。我們有一個目標——讓它變成一所學校，沒有暴力的學校，一個能夠好好學習課業、成長進步的地方，確保我們的學生會成為成功的大人。

在跟社區領袖們開過會之後，第一要務是聚會和形成策略。我們當然希望學校開學時能有社區領袖們的支持協助，但是我們不能依賴這種支持，所以我們持續擬訂我們的成功計畫。我們花費好幾個小時在設計一個實施計畫，我們記下所有需要處理的事情，只是事情實在太多了，光是思考它們就讓我們筋疲力盡。

在跟社區領袖們開過會之後，我們的第二要務是跟那些會受到學校整併案影響的學生的家長開會。我們不知道要預期些什麼，所以我們為最糟糕的狀況預作計畫。會議在二樓的一間教室裡舉行，有些學生跟著他們的家長一起出席會議。這些家長一點兒也不友善，他們非常粗魯，他們想知道我要怎麼降低暴力行為，也想知道學校制服的事情，還想知道我要怎麼處理書籍和其他學用材料，他們想知道我要怎麼處理每一件事情，而且他們絲毫不肯說出他們打算怎麼做。他們說話的語調很衝、很不尊重人，但我不認為他們是針對我而來，他們只是很憤怒他們的孩子必須到莓屋高中來上學。憤怒，而且，害怕。

我有一個議程需要討論。大部分出席的家長都帶著有特殊需求的孩子，他們特別關心安全的問題。我很訝異看到學校的一位特教老師出席這場會議，她提議由她來照顧所有這些跟著出席的孩子，我真高興她這麼幫忙，我現在可以專注在家長身上，而家長可以專注在他們的問題上。他們針對每一樣事情提出問題（這是他們應該做的！），不過在我的潛意識裡，我實在是很想問：「當他們在決定這個學校應該重新安置或關閉的時候，你們在哪裡啊？在討論這個整併方案的幾場社區會議，你們怎麼沒有帶著所有這些問題出席呢？」我出席了所有這些會議，但是我從來沒有遇見這些家長之中的任何一個人。但是，現在是聆聽他們聲音的時候，他們的孩子會跟這個整併方案密切相關，他們有權利得到一些答案。

他們所不知道的是，這個計畫是在學校開學之前不到兩個月的時間才創造出來的。他們以為是「學區上級」給了我這個偉大的計畫。要是他們知道只有九個人運用我們先前的研究結果、反覆演練和種種經驗，嘗試執行這個計畫，他們一定會被嚇得驚慌失措的，所以我沒有告訴他們。我向他們說明計畫當中他們主要關心的部分，其中之一就是制服，這激起了許多喧鬧的聲音，從三所不同學校來的家長們大聲吼叫、抗議為了要到莓屋高中上學必須購買新的制服，他們不斷重複地說，他們已經有原本學校的制服，他們不願意再買更多的制服。他們不斷地爭辯、抗議，我覺得他們都快要爆發衝突、打起架來了。最後，再助長這種緊張局勢，一個家長很有權威地說：「我們不會再買任何制服，而且你不能強迫我們。」

你能夠想像，如果三所相互敵對的學校的學生，穿著他們原來自己學校顏色的制服到新學校來，那會是什麼樣的場面嗎？我已經做了許多的惡夢，夢到他們整天都在打架，只因為他們身上穿著不同顏色的制服。我們的領導團隊認為，羅德斯和費茲西蒙斯兩所學校的學生因為制服顏色的關係會很容易被認出來，然後每天被莓屋高中的學生霸凌。在會議裡面，莓屋高中的學生是說話最大聲的，他們說著像這樣的話：「他們最好不要穿著那些羅德斯或費茲西蒙斯的襯衫出現在這裡，我們不會允許這種事情發生的。」

我的團隊和我已經預想到學校的制服會是一個問題，所以，為了讓家長們安心，我告訴他們，他們不用買任何新的制服。他們開始相互擊掌慶賀，並且用一種尖酸刻薄的語調說：「早就告訴你我們不買什麼新的制服吧！」彷彿他們贏了第一場跟我和我的團隊之間的戰爭。他們以為他們可以繼續穿著費茲西蒙斯和羅德斯高中的制服。相反的，我告訴莓屋高中的家長，他們的孩子不可以穿莓屋高中的制服。他們的表情困惑極了。

然後，我打破沉默，再宣布這個消息：羅德斯和費茲西蒙斯的學生也不能穿他們的制服到莓屋高中來。每個人都被我搞亂了，直到我說明，在九月學校校門打開的時候，三所學校的學生都不能穿他們舊有的學校制服到學校來，他們全部都必須穿著我們所謂「適合到校的服裝」：有衣領的襯衫，長褲或裙子，而且，只能穿皮鞋或運動鞋。不能穿緊身衣、緊身褲、休閒褲、垮褲或連帽衫。我們選擇這樣的服裝，因為我們不希望有任何孩子會因為之前的學校制服而被別人盯上，我們不希望哪一個孩子會變成攻擊的目標。我們的服裝要求非常簡單，或者說，我們是這樣認為的。

家長們叫得更大聲了。「這太白痴了！為什麼我們的小孩不能穿著制服呢？我就是不買任何新衣服！」即使我們告訴家長們這是為了安全的考量，他們仍然希望他們的孩子穿著他們已經有的制服。我以非常強而有力的聲音告訴他們這是不可行的，沒有一個學生可以穿著帶有費茲西蒙斯、羅德斯或莓屋高中標誌的服裝，走進莓屋高中裡面，那只會引發問題。我已經做了這個決定，決定就是決定。

在所有關於制服的喧囂吵鬧聲終於平息下來之後，現在是帶家長們參觀學校的時候了。在出發前，有位家長用粗魯的語調大喊：「學校都沒有書，你要怎麼辦？」我問他們怎麼會覺得這所學校沒有書，幾位家長同意地說，他們的孩子從來沒有帶任何書本回家，而那是因為教室裡沒有書可以用。我告訴家長們，學校有很多書，然後家長們的喧囂叫鬧聲又開始了，「學校沒有書！」連學生都加入陣營一起說：「學校沒有書！」當學生們開始大喊學校沒有書的時候，我覺得混亂極了，唯一能夠讓他們停止對我叫囂的資源就是展示書給他們看。我對帶領家長參觀學校的團隊成員說：「咱們參觀學校的第一站，就去參觀學校地下室的書櫃。」那是最大的一座書櫃，不過只是許多書櫃的其中一座書櫃。當我打開門，讓家長們走進去參觀時，他們的嘴巴張得好大。到處走動參觀的時候，他們很多人，包含學生在內，眼睛睜得好大，一邊說著：「喔，我的老天，你看看所有這些書。」好像他們從來沒在學校看過一本書一樣。其中一位學生甚至跑到字典區，並且說：「我的老師告訴我們，我們沒有字典。」我站在那裡，全身僵凍，不可置信地聽著、看著，我的心裡好難過，他們真的以為學校裡沒有書。接著，所有家長和學生動作一致地拿出他們的智慧型手機，說：「我們要拍照和錄影下來，我們不敢相信這是真的。」他們錄了一段又一段的影片，拍了一張接一張的照片。我好想哭。我讓自己走進了什麼樣的世界？我真的知道嗎？

為什麼從來沒有人花時間帶學生們來看看他們學校裡有這麼多書？為什麼沒有老師使用這裡的這些書呢？為什麼家長們讓孩子每天每天來上學，卻沒要求學校讓他們看到

一本書呢？我只能讓這些想法在短暫的一分鐘內閃過腦海，然後就回到我眼前的這個喜悅時刻。學生和家長們因為學校裡有書而感到歡欣鼓舞，自從他們走進校門參加會議以來，這是我第一次看到他們笑了。第一次有了正面積極的笑聲，而不是憤怒的吶喊吼叫和好戰爭鬥的行為。

我希望他們快快樂樂地回家，而不是對整併案心懷害怕恐懼，所以就趁著這個機會，在那座大書櫃前，我以高昂、喜悅的音符，結束了這一場家長與社區會議。

想想你的領導力

身為領導者，你必須練習聆聽的藝術。在過程中，聆聽所有利害關係人的聲音，並且讓所有人參與，對完成任務來說是很關鍵重要的。你永遠不想聽到有任何人說「我不知道」。

然而，有時候，聆聽各方的聲音，並不會達成一個共識。有時候，你（身為領袖）必須做出果斷的決定。它可能讓人很不舒服，但你是這方面的專家。在聆聽各方的聲音，並且整合別人的想法跟你的經驗之後，你必須知道你是為整個組織的利益做出最後決定的最佳人選，這就是所謂的領導能力。

在聆聽他人之際，你可能會發現對計畫歷程有關鍵性影響的新資訊，這些資訊可能有對有錯，但為了組織的利益，仍是值得做一番研究。當某件事物必須處理時，務必及時處理；如果你沒有做到，它可能會在任務開始之前就摧毀了整個工作場所的文化。

最後，你必須知道何時該結束你的聆聽時段，絕對不要讓你的聆聽時段停止在負面否定的音符上。以負面否定的音符終止的會議將會產生反效果，每個人離開聆聽時段的時候，會搞不清楚這個會議真正實質的意義。為了讓事情保持積極正向，有時候偏離你原訂的議程是適當且必要的，你可以稍後幾天再輕輕鬆鬆地回來討論剩餘的議程項目。以正面積極的音符終止你的聆聽時段，會讓每個人覺得精神振奮、熱切期盼，並且暫時把注意力都放在積極正面的事物上。

留意檢視：在聆聽所有相關人士的聲音之後，你必須做出果斷決定的時刻。

給你的問題：

- 做決定讓你害怕嗎？如果是，為什麼？檢視這些原因和理由，並且好好處理它們。
- 你準備好要聆聽和處理組織裡各方人士的觀感和聲音了嗎？

14 客製化 Customized

二〇一二年的夏天結束了。所有的社區會議都已過去，跟即將到校的教師召開的會議也已結束，現在是我們正式領導團隊辦理領導潛修營（leadership retreat）的時候了。整個夏天，我們是經常開會，但八月的這三天是特別空下來，讓我們好好檢視我們在開學第一天就要開始實施的所有計畫。我們有自己的翻轉模式，要把莓屋高中改造成一所真正的學校。中央辦公室沒有任何指導或命令，我們必須靠自己找到辦法，因為我們完全沒有前例可循。是的，在學區裡是有名為「希望學院」的翻轉學校，但是我們不被認

為是那種類型的學校。我們沒有得到任何其他額外的資源或可以依循的翻轉模式，我們只有九個立志要讓三所學校整併案使命必達的團隊夥伴。

莓屋高中翻轉模式，延續我們過去改造費茲西蒙斯和羅德斯成為真正的學校的三個元素：建立關係、教與學、校園安全。莓屋高中翻轉模式組成如下：

新願景

- 大幅改造課程時間表，包含重新安排午餐時間和教學節數。在每個學生的課表上，挪移時間以創造出一年七個課時（學分）的時段，而不是六個課時，幫助他們補足欠缺的學分。
- 所有的英語和數學課都是男女生分開。
- 所有回到莓屋高中的舊教師都要移出他們目前的教室，搬到其他的教室去。新來的教師會被仔細安排在學校建築物的各個樓層，以獲得充分的支持與協助，不要被那些仍然對學校的改變感到憤怒、心懷不滿的教職員所汙染。
- 在學校日常行事曆裡，建立教師們共同備課的時間。這是非常重要的，因為校方要求教師們每週必須共同討論教學計畫。

- 引介校方要求的教學實施模式，包含七步驟的教學架構，並且有小組教學來協助差異化教學。
- 創造一份非正式觀察的表格，協助收集資料作為教師教學的回饋，重點在於改善教室裡學生的學習。
- 設立榮譽課程計畫（其中包含在費城社區學院雙重註冊的資格）、另類替代教育計畫、生涯探索與職業技術計畫，併同一般學科研究和多元選修課程一起實施。
- 發展一套絕不妥協全校行為規範制度，有實施的步驟、追蹤機制和嚴格的貫徹執行。
- 設立學生反省室，提供一個指定的空間讓學生在裡面反省自己的行為，也是一個支持教師處理學生行為紀律問題的策略，以減緩教室裡處理違規突發事件的壓力。
- 發展一個校外旅遊計畫，帶學生到北費城社區以外的地方去做幾次的實地旅遊。
- 以全體集會形式建立每個月的師生討論會議（town hall meetings），聆聽學生的聲音，直接正面處理他們擔憂的問題。
- 強調讓每個人保持積極、自動自發的五個核心價值：堅持毅力、傑出卓越、專注、傳統、誠實正直。
- 明訂校園美化的要求，每個月依據一個特定的主題來進行學校美化的工作。

- 跟學生建立正向積極的關係是必須要做的事。「尊重他們，他們就會尊重你」變成了我的口號。
- 每一天的廣播會以我說的這句話作為結束：「如果今天沒有人告訴你他們愛你，記得我愛你，而且我會永遠愛你！」

在領導潛修營裡，我們制定好實施這個模式的所有步驟，誰要做什麼事，以及那件事會是什麼樣子。我們知道，在開學的第一天，我們必須讓每一個環節都正確到位，不然這就會是很可怕的一個學年。在這個模式當中，決定我們成功或失敗的關鍵，就在於全校行為規範制度的推出、揭幕與實施。這個制度的名稱當然是「絕不妥協校規」，就跟在羅德斯高中一樣；但是在莓屋高中，這個制度有一些細微的變動調整：「適當穿著」取代了制服；不准打開外圍的校門；特別強調禁止破壞學校財產公物，這是一個大問題；只能使用一座樓梯上下樓的規則；不准在走廊遊蕩或互相衝撞；不准有身體或語言上的攻擊或霸凌；智慧型手機必須關機。

關於這些校規的實施和學生預期的反應，領導團隊有一大堆的問題。需要花多久的時間，才能讓學生服從校規？什麼能夠強迫他們服從？在一開始，我們沒有打算擺脫

「持續危險級學校」的標籤，我們只是試著在一所危險學校裡存活下來，以及確保教職員和學生的人身安全。

當我坐在藍色領導椅上，我的團隊環繞著我，試著最後微調開學第一天的流程，我可以聽見一個女人對著祕書尖叫的聲音：「我只是想要見校長！」她叫得非常大聲，打亂了團隊的專注力。我望向我的辦公室門外（但她在那裡是看不見我的），看見一個女人跟她的兒子，她的兒子雙眼紅腫到眼睛幾乎是閉起來的。他看起來不像是高中的學齡，脖子上滿布著刺青，看起來可能有吸毒或喝醉了，而且他整個外表顯現的就是對學校完全不在乎的樣子。當他媽媽在大吼大叫的時候，他什麼話也沒說。很不幸的，因為有太多家長用非常冒犯無禮的方式來學校要求見校長，所以在出去見他們之前，我通常都會停下腳步，我忍不住想，未來在莓屋高中的這幾年，我到底要面對多少像這樣大吼大叫的家長？

幾年來，我的目標一直是教會我的家長，當他們來到孩子的學校時，應該怎麼樣跟學校人員合宜的互動，許多家長習慣把自己的行為方式帶到學校，進來的時候大吼大叫，並且對著祕書說出一大堆冒犯無禮的話。如果他們說出冒犯無禮的話，我絕對不會回應他們想見校長的要求。所以，我立即進入教導模式，想要教這位家長，我走出辦公室並且問道：「你有跟我預約時間嗎？」她說沒有，這次的聲音語調比較尊重一點了，所以我決定邀請她進入我的辦公室。如果她繼續尖叫、命令和咒罵髒話，我就會請祕書跟她另外約時間，並且拒絕見她，直到她出現合宜的行為舉止。在她行為舉止失當的時候見她，只會認可和增強這樣的行為，然後她每一次到學校就會用同樣的行為方式來取得她想要的結果。

領導團隊趁機休息一下，離開了辦公室。那個女人走進我的辦公室，跟她的兒子坐下來，並且說道：「威曼校長，我要我的兒子回來上學。」而他只是坐在那裡，看起來因為吸毒而極度亢奮，對周遭漠不關心，他的媽媽繼續告訴我有關她另一個兒子的新生活、太太和工作有多麼好，她多麼希望這個兒子也擁有同樣的生活，這是她最後一個賺錢供他上學的孩子。在努力試著要兒子說點話，不要看起來一副不在乎的樣子之後，媽媽開始哭了起來，她哀求他做點正經的事，不要惹麻煩，回學校來念書。她告訴我，他已經輟學一年或兩年的時間，因為五年級的時候有一位老師指控他攻擊人。他們安置他的每一所學校都是管訓學校，她不喜歡那些管訓學校，所以他很快就停止上學，而他現在已經超過十八歲了。「拜託你，」她眼眶含淚的乞求：「幫我救救我的兒子。」

我這輩子從來沒有遇見過這個人，但是她讓我想起了我的母親。她只是希望她的兒子可以從高中畢業，她繼續說：「我知道你沒有必要收他，因為他已經十八歲了，但拜託，校長——幫我幫幫他。」我看著那個年輕人，說道：「小伙子，看看你媽媽，看著她，你想要看到她像這樣子哭泣嗎？」然後，他轉過身來對他的媽媽說：「媽，別哭了。別哭了，媽，我會來上學的。」我看得出來，他可以感受到他媽媽感受到的痛。

我想起了我們的翻轉模式裡剛剛發展出來的新課程計畫：另類替代教育計畫。這個計畫會包含：每日的諮詢輔導，比較晚到校和可提前離校的時間，可以依自己的學習步調進行的混合式學習班級，還有兩個課堂助教來協助有特殊教育需求的學生。這個計畫也包含午餐和體育，為了讓學生們能夠保持專注，他們會在學校大樓獨立的一側上課與學習，而且會有一位特教老師來監督整體狀況。它是專門為超過學齡和學分不足的學生所設計的，就像這個年輕人一樣。我告訴這位母親，我們可以把他的兒子安排到這個計畫裡，但是他必須好好配合學校才能夠留下來。我鄭重地直盯著他並且告訴他，他最好來上學——就算不是為了他自己，也要為了他媽媽。

那一天，團隊夥伴和我了解到另類替代教育計畫將會是莓屋高中極其需要的教育資源，我們很高興它是我們模式裡的一部分。我們已經透過紙上作業把它全盤推演出來

了，但是我們必須等待與觀察它實際執行時是否真的有效。我們必須冒這個險，我們已經立誓要讓每一位心智足夠成熟、能應付這個課程計畫的學生都能註冊參加，一直到他們二十一歲為止。

當我坐在藍色領導椅上，反思我們為開學所做的一切準備，我有信心我們已經為所有預料中的困難挑戰以及我們可能遇到的一些意料之外的問題，做好了種種的規劃。領導團隊試著思考開學第一天以及往後的日子可能會出現的每一種狀況和問題，並且預先處理了這些令人擔憂的問題。我們已經發展成一個強大的領導團隊，有清楚的角色分工，以及激勵我們努力工作「拯救生命」的願景；我們已經跟所有的利害關係人開過會；我們建構了改造學校的翻轉模式，也擬好了實施的種種策略；我們盡力尋求各方的支援協助，但我們不會依賴外來的支援；我們祈禱這整個夏天的努力付出和準備工作會很值得，最終能帶來好的結果。

在九月初學校預定正式開學之前，所有教職員參與了兩天的專業發展訓練。在這兩天的訓練當中，來自美國司法部的執行特助為教職員做了相關簡報，提供莓屋高中所有可怕的犯罪數據資料，包含這個地區學齡學生的死亡率和持有槍械的出現頻率，那個專業訓練時段的統計數據，足以嚇壞每一個人。

我們透過說明，讓教師們了解領導團隊發展出來的翻轉模式的整體架構。我們宣布了每位教師被指派的新教室，新手教師和資深教師同樣都有自己的教室。學生們即將走入新的學校，必須適應新的改變，教職員也是一樣。更換教室讓每一個人立即接收到一個訊號：學校將不會如往常一般的運作。教師們也收到新的教學流程架構，必須服從繳交教學計畫的規定，再度檢視了目前現有的資料。領導團隊也介紹了正式和非正式教學觀察協定，整體檢視永不妥協全校行為規範制度，說明專業發展訓練的行事曆安排。所有教師都充分了解了我們的每一個期望。

這次的專業發展訓練也是以一個提醒作為結束。帶著深切的關懷之意，我告訴所有教職員，我們都是某些人的父母、祖父母、姨嬸、叔舅，如果我們想要每天晚上平平安安地回到家裡，我們就必須遵照這個翻轉學校的計畫來做事，而且一定要密切合作。在回家之前，我必須要讓每一個人都清清楚楚地知道，他們自己在協助這個整併方案成功達標的過程當中所必須扮演的角色。

教職員們結束這一天的行程離開學校了，但領導團隊繼續留下來，一直討論到晚上（超過我們預定離開的時間好幾個小時）。我們再一次討論計畫的內容，並且準備離開學校。在我們離去的時候，我看著外圍的校門，想起了在開學的第一天之前必須完成的

最後一項工作：張貼告示牌。鮮明的螢光綠色告示牌必須貼在每一道通往校外的門上，上頭寫著：「停！開門前先想一想，結果是停學五天。」因為害怕槍械進入校園，所以我一定要貼上這些告示牌，以極端的手段應付極端的狀況。現在，我們準備好開學了！

想想你的領導力

進到一個組織的時候，不要認為你必須一次全部翻修、整個改變它。還有，千萬別驚慌！當你來到一個組織，那裡會有一些現存的想法、策略和計畫可以繼續沿用和拓展。想一想你以前曾經做過的成功經驗和做法，把它們跟現有可行計畫的某些部分結合起來，再運用它作為跳板，創造和實施新的方案計畫。研究一下別人在類似的情境是怎麼做的，選用其中你認為有效有用的部分，然後加上你自己的新想法來強化它們。在你已經知道的有用可行的藍圖上，加入新的思考與做法，這會讓你全新的「大計畫」看起來比較容易處理而且可能實現。

留意檢視：你為了成功達成任務而規劃的客製化模式。

給你的問題：

- 你知道要如何運用研究結果、你的經驗和你的直覺，為組織量身打造出一個翻轉模式嗎？
- 你是否意識到，領導者必須使用非傳統、突破常規的方法，並勇於冒險嘗試，才能翻轉一個岌岌可危的組織？如果你不奮力一搏，是改變不了什麼的！

15 力量 Strength

二〇一二年九月十日，我在六點四十五分抵達學校。我坐在藍色領導椅上，思考著我是否已經有萬全的準備，能夠達成我的主要目標：在這個高難度的學校整併案中，確保學生和教職員的安全。我大部分想到的是我那些從羅德斯高中來的女學生，她們會是最脆弱的一群，而且她們也是曾經被給予虛假的承諾而後被狠狠奪走機會的人，遺留她們陷在這麼可怕的處境裡，某種程度上，我怪罪我自己，我應該要有辦法保護她們，並且兌現給予她們的承諾，但是我沒做到。我對她們的愛，成為我來到莓屋高中的具體理由，我所做的每一個決定，都是心存她們而做出來的決定。是的，我想要「把它變成一所真正的學校」，但首要之務，我要確保她們的人身安全，並且在保護她們安全的過程中，創造出一個可以讓所有學生成長與學習的環境。

當我坐在藍色領導椅上焦慮地等著學校的鐘聲響起時，我發現自己漸漸生氣起來，我生氣自己處於這樣的情境；我生氣那些孩子被指定分發到這所學校的家長們沒有為他們孩子的教育奮力爭取權利；我生氣那些滿天飛的謠言說這些學生的行為有多麼糟，而這樣只是剛好助長了學生糟糕的行為；我生氣學區當局竟然以學校建築設備利用率為理由，硬是把三所敵對學校的八百位學生整併到一棟建築物裡；我生氣所有創造出這樣的學校處境的人事物，哪個神智清醒的人會來這裡當校長？

我生氣每一個讓這所學校變成我當初到這棟大樓所看到的悲慘狀況的人；我生氣我自己為何涉入這個令人無法置信的計畫。我幾乎對所有的一切都感到生氣。我坐在那裡，閉上雙眼，向上帝祈禱，祈禱我們目前所做的一切足以保護學生和教職員的安全。

所有的考驗和苦難，都是為了讓我在這一刻能夠承擔起這個任務，做好萬全的準備。我的怒氣很快消退了。我擦乾從眼睛流下來的眼淚。我不確定這個任務的規模有多大，但我絕對確定這是我的使命。

我在心裡面簡要回顧一遍我的種種準備，然後走出我的辦公室的範圍，感覺自己充滿信心和力量，完全準備好要面對這一天可能出現的任何狀況。我站在總辦公室的正面櫃臺前，迎接我的領導團隊夥伴的到來。他們個個表情嚴肅，力圖整理好自己的心緒，準備迎向他們誓約參與的任務。他們每一個人都愛孩子，也愛這項任務，但如果不是我邀請他們參與，他們不會有人接受這個挑戰。他們信任的，是我的目的使命和領導能力。我詢問他們每一個人，有關一位團隊夥伴傳給大家的領導團隊第一天任務的內容，藉此展現給他們知道我已經準備好了。我請每一個人再一次對我說明他們負責處理的是什麼工作。一如往常，他們全都備好了正確答案，他們知道自己必須做什麼，而且他們會負責到底。

在每一位團隊夥伴跟我一起回顧完他或她的工作任務之後，我回到我的辦公室，再一次檢核維安人員部署計畫，我想確認自己正確利用了所有我能找到的行為紀律管理支援人士，我已經一遍又一遍地檢視過這個計畫，但是我想再做最後一次的檢核。我運用學校的經費預算，僱用了十三位走廊監督人員，兩位風紀管理師和一位衝突解決專家。中央辦公室指派了六位校園警察，以及一位警佐來幫忙管理這六位警察。當這位警佐在開學兩天前來到學校時，他說他的工作是要為這些警察做出人員部署計畫，指揮他們警衛的位置和行動，而如果人員部署計畫有需要調整的話，他也會進行調整。在他解釋完他的工作之後，我交給他這個指揮所有警察和行為紀律管理人員的部署計畫，我告訴他，做人員部署計畫不會是他的工作，因為他沒有預留時間先到學校來做規劃，而我花了兩個月才做出來的計畫，他是不可能在兩天之內做出來的。我告訴他我是校長，在這棟建築物裡的每一個人都是我的責任，包含他的警察們。我要求他檢視整個計畫，這樣他才能熟悉其中的規劃，但是除非有我的允許，不然他不可以更動任何一個地方。關於這一點，他不是很高興。我把這位警佐納入維安團隊的一分子，沒有人的位階會在那些警察之上，每個人都是整個團隊的一部分。跟這位警佐第一次見面的氣氛很僵持凝重，但我是說到做到的人。這棟建築物裡的安全和紀律是我的責任，我不會把它交付給任何一個人……尤其是一個我在開學前兩天才見到的人。

為了完備整個維安團隊，兩名全副武裝的費城警官被派到學校來。雖然我們擁有很龐大的維安團隊，但學校絕不會感覺像監獄一樣，這個我很確定。所有的人員部署得很有策略，不會讓學生感覺到處處都有警察的重大壓力。九十四部監視器隨時捕捉一切人事物的動靜，這些設備添加了最後一層的保護。我們正在創造的是一所學校，不是一座監獄。當我在打開校門之前，第一次跟整個紀律維安團隊見面的時候，我提醒他們，

莓屋高中是一所學校，不是警察的巡邏區，除非有逮捕令，否則不可以侵犯、攻擊學生（這是學生們在暑假的會議當中提到的另一個抱怨——警察對待他們的方式很不公平，所以我想要在一開始就處理這個問題）。許多警官不喜歡我處理學校紀律的方式，他們不斷提醒我學生很危險，我回應說，不是所有的學生都是危險人物，而且學生們應該受到尊重以及有尊嚴的對待，除非學生給了我們一個理由必須要動用其他的方式來對待他們。我要讓這些警官知道這是一個命令，不是一個請求。這些警官沒有想到我已經設了一條規定，要注意觀察他們如何對待學生。我告訴我的兩位紀律管理員，他們要隨時聆聽警方對講機的內容，如果有任何學生被警察拘捕，他們就要立刻趕到拘捕地點，並且一直待在那裡，直到學生被釋放為止。這就是我讓警方知道我說到做到的方式，沒有任何一個孩子會毫無原因的被戴上手銬，沒有一個孩子會在欠缺正當理由的狀況下受到傷害。當警方注意到這項規定的時候，他們很不高興，但是他們只能服從這項規定，而這就是我的目的。

所有的警官都把他們的工作做得很好。我很快就發現他們很有耐心、友善親切，也很關心所有學生的福祉。每位警官都有他的獨特之處，也有不同的優點，其中一位特別傑出，他總是很冷靜、沉著，而且積極正向。他總是小聲說話，從未提高音量，而且說的話也不多。因為他和藹可親的笑容和沉著冷靜的舉止，我知道我要把他安排在學校前門的位置，迎接所有的訪客。在開學的第一天，在學校鐘聲響起之前，他們所有人都按照人員部署計畫的規定就定位了。確保每一個人都遵照這個計畫行事，是我的紀律管理員的工作；而我的工作是確保溝通管道永遠是開放的，有需要的時候就會做出調整。

在我檢核過人員部署計畫，見過整個紀律維安團隊之後，我走回到辦公室的櫃臺，看著教師們陸續到校準備第一天開學。因為學校的種種改變，有些人看起來滿臉憂愁，有些人看起來滿懷憤怒。教師群分裂成兩半，一半是學校的新人，另一半則是來自舊學校的人，但是，我們是一個教職員團隊，正要一起踏上全新的冒險旅程。現在，每個人和每件事都已經就位，所有的準備工作都已經正式結束，我們不停地籌畫準備，一直到最後一分鐘。當鐘聲響起的時間逐漸接近，我回到我的辦公室，站在我的藍色領導椅旁邊，我閉上眼睛，最後一次祈禱，我只說了一句話：「上帝，請賜給我力量。」

學校的鐘聲響了，是時候讓學生們進入學校，並且等待他們走出他們的下一步。這就像一場西洋棋賽，在棋賽甚至都還沒開始之前，我們就已經走了大部分的棋步，但他們所不知道的是，我還保留了其他的棋步，等待他們走了第一步之後，我再來應對下一步。我必須讓這所學校變成一個安全的學習之地。

想想你的領導力

在一生當中，我們都會聽到內在的聲音告訴我們，我們的焦點重心應該是什麼。有時候，我們抗拒那個聲音，只想照我們的方式來做事。每個翻轉組織的領導者都會面臨這個問題：「你要領導，還是不要？」領導一個組織走過艱困的時期，需要**信仰**；在別人看不到成功機會的時候看見成功，需要信仰。當你在領導一個組織熬過翻轉改造的處境之際，如果你擁有一個支撐著你的力量泉源，也清楚了解你為何被上天選中的理由，那麼你就能成功地領導。請堅信你就是最適合這個工作的那個人，全力去做吧。

留意檢視：你的**領導**力量的泉源。

給你的問題：

- 你真的相信你已經有萬全的準備，可以領導你目前正在執行的任務？
- 你是否擁有堅定的力量和信仰，能夠領導你的任務邁向成功？

16 堅持不懈 Relentless

當學校的鐘聲在上午八點響起，是時候打開校門讓學生進來了。在任何一個學生獲准穿越大門、走過人體掃描機或金屬探測器之前，我的風紀管理師已經站上崗位，執行他的第一個任務：充當街頭公告廣播員。他的工作是走到校門外，提醒學生檢查他們的口袋和背包，看看是否有任何不適合帶進學校的物品。他用大聲公擴音器廣播宣布：「注意聽，注意聽！清空你的口袋！檢查你的背包！你即將要進入的大樓有警察，還有最先進的金屬探測器和人體掃描機在守衛大家的安全，所以，請確定你的口袋裡沒有武器或毒品，學校裡禁止任何的武器和毒品，如果你攜帶這些物品，你會被警方逮捕。武器是什麼？武器是刀子、槍、剪刀、刮鬍刀以及金屬或木頭類的物品。你也知道哪些毒品是違禁品：大麻、快克古柯鹼或古柯鹼。」在反覆廣播幾次、壓過學生的嘈雜音量之後，風紀管理師接著離開門口，讓學生走進學校，但過程中仍然持續重複廣播同樣的訊息，讓後面新來的學生能夠聽見。他留在那個崗位上超過一個小時的時間，不斷地說著：「請清空你的口袋，檢查你的背包！」

當學生陸陸續續走進學校，我站在接近D號樓梯間的走廊中央，引導學生走到大樓，拿到他們的班表，進入教室。我的臉上掛著笑容，因為我很高興看到他們，不過我站得高高挺挺的，好讓他們知道我並不害怕待在莓屋高中，也不害怕他們。D號樓梯間的入口是一個很好的位置，可以跟學生打招呼、歡迎他們，並且檢查每位學生是否遵守制服的規定。對我來說，遵守制服的規定是很重要的，過去的經驗讓我知道，不遵守制服穿著的規定是學生對行政人員消極挑釁的第一步。我心裡知道，學生遵守制服規定這一戰，我必須贏。

當學生從我眼前走過，我打量他們全身上下，確定他們確實遵守制服規定的政策。校方已經透過面對面和電話通知他們的家長，一再一再地說明制服穿著的規定：不可以穿著三所合併學校原本的上衣制服，他們可以穿任何其他的襯衫T恤，只要那件上衣有衣領；還有，他們必須穿著繫上皮帶的長褲，也不准穿靴子。很簡單的規定……至少我是這樣想的！當他們魚貫走進來，很多男孩子身上穿的是沒有衣領的白T恤，沒看見皮帶的垮褲，還有一些破布掛在褲後口袋上。甚至還有幾個人嘗試穿著他們先前學校的上衣制服闖關，但是他們從來無法通過校門口警察那一關。我們知道那會開啟戰爭，所以，除非他們換掉他們的制服，不然是不允許進入學校的。這對他們來說很容易做到，他們都有適合穿著到校的服裝，他們只是想測試一下，看看我們會不會遵守我們自己訂下的規定。他們在考驗我們。

我允許其他的學生進入學校，即使他們有點兒不符合規定，如果他們沒有穿著有衣領的上衣，他們可以進來；如果他們沒有繫皮帶，而且內褲也露出來，他們還是可以進入學校；往後還會有時間來處理不遵守制服穿著規定的問題。學生的外觀嚇壞了許多老師，甚至激起了某些老師的恐懼。許多學生看起來不像是來學校學習，而是來混幫派的。而且，許多學生看起來就是大人的樣子。有一個學生甚至有膽在臉上永久刺上「婊子」這兩個字就來上學，我立刻打電話給他的家長，告訴她，他不能這樣子進入學校。

他轉學了，我從來沒有再見到他。老師們把這個舉動視為一種象徵，代表我一定會保護他們。

另一方面，許多學生確實服從校規，他們穿著合乎規定的服裝，看起來好漂亮，他們就是想要來學校學習。我知道這些是我最需要擔心的學生，在這些學生當中，有好幾個是來自羅德斯高中、無法轉去其他學校的學生。他們的家長看到我是校長的時候，很明顯地鬆了一口氣，然後就讓他們的孩子留在學校，因為他們知道我會盡我所能地教育他們並且保護他們的安全。有這麼多漂亮、天真無邪的孩子來到學校，想要獲得教育，他們看起來全都好害怕的樣子。我們所有這些大規模的準備，很清楚的，都是因為心裡有他們，所以才做這些準備，他們值得擁有獲得高品質教育的機會，就在他們自己的社區附近，而且免於恐懼。消除每一道阻礙學習發生的障礙，變成了我的重責大任。

在我檢查學生是否遵守制服穿著規定的過程中，有一位家長不知道從哪裡冒出來，她帶著孩子，筆直朝著我走過來，一邊叫嚷著：「我要我的孩子離開這裡，我要我的孩子馬上離開這裡！她不要來這裡上學。」她的孩子是我先前在羅德斯高中的學生，她繞過媽媽，給我一個大大的擁抱，「威曼校長，」她問我：「你真的是校長嗎？」當我說是的，她就轉身對她媽媽說：「媽，如果威曼校長在這裡，我會沒事的。」在詢問她是不是真的確定之後，這個女孩回答「是的」，然後那位媽媽就把她留在我身邊了。這讓我感覺很好，但同時也有更沉重的心理負擔，我真的能夠保護所有這些學生嗎？

正當我在心裡複習著要對許多開學第一天就違反制服穿著規定的學生說什麼話的時候，我聽見一名警官透過對講機緊急呼叫我，要我盡快趕到警察守衛區。當我趕到那裡，其中一位風紀管理師已經在現場了，有一位穿著時髦的年輕人被銬上了手銬，還有一大堆的現金和大麻擺在桌上。我問他從哪裡取得大麻以及為什麼他有這麼多現金在身上，他的頭垂得低低的，回答說他在放學後要去買上學的衣服。然後我問他為什麼帶著毒品進到學校，他說：「我忘記它在我的口袋裡。」等我再問：「那麼大量的毒品，你打算做什麼？」他沒有回答。感謝上帝，這些毒品在校門口就被抓到了。

開學才第一天，我們就必須打電話報警，把這個學生送進監獄。所有的警告都沒有用，公告廣播員也沒有用，他明明聽到廣播說要清空口袋，為什麼他不遵守規定呢？後來經過訊問，確定他是要到學校來販賣那些毒品，我猜想他不相信莓屋高中將會變得不一樣。他進了監獄，並且被處罰停學十天，在停學十天的這段期間，他的管訓轉介文件已經完成，他被指定轉往一所管訓學校，我從此沒有再見到他。

當學生持續抵達學校，校方發下他們的日課表，然後他們要去找他們的諮商輔導員報到，獲得相關的資訊，並且一起了解全校行為規範制度。上午十點鐘，諮商輔導員召集、帶領他們負責的學生來到禮堂，進行我們第一次的師生集會。這將是我對學生們的第一次演講，我會充分說明學生不遵守制服規定、沒收毒品的問題，以及我身為校長的職責。

當學生魚貫進入禮堂，我立即回想起我在費茲西蒙斯高中第一天的情景，那種似曾相識的感覺。學生一邊走進來一邊大聲說話，老師們很難讓學生全部聚在一起，他們會在禮堂中央停下來，跟他們的朋友聊天講話，完全忽略老師要求他們好好跟著並找到位置坐下來的命令。禮堂裡沒有可用的麥克風，所以傑克森小姐遞給我大聲公擴音器。站在講臺上，我必須重複呼叫很多遍，才能讓學生們終於就定位坐好。等到他們終於就定位，而且音量小到我可以講話的時候，我生氣了。我生氣是因為我必須一直等待才能得到他們的注意；我生氣是因為我沒有麥克風；我生氣是因為看到這些學生完全不理會老師要求他們坐下和保持安靜的命令；我生氣是因為許多學生和家長完全忽視學校打電話通知穿著合適服裝到校的規定；我生氣是因為在我花了好多好多時間規劃，希望不要有任何學生被逮捕的努力之後，竟然有人大膽的在開學第一天帶著大量的大麻進入我的學校；我生氣是因為某些最好的學生在學校必須承受恐懼。這是開學的第一天，而我生氣、憤怒極了！我生氣我已經為最壞的狀況做了準備，結果還是親眼看到它發生了。我必須用盡每一種傳統和非傳統的計畫，只為了度過開學第一天的前兩個小時。

因為我對這麼多事情感到生氣，因為我想要為那些乖乖遵守規定以開始學校生活的許多學生創造一個安全的環境，所以我必須控制自己。我不希望他們回家告訴家長說學校的學生行為完全失控，而且沒有人在那邊糾正他們的行為。我希望他們回家告訴家長他們會過得很好，因為有某個人在管理學生，掌控全局。

我介紹我自己是校長，重複我的名字大約三次，然後一手插腰、一手拿著大聲公擴音器，「我不知道你們以為你們現在在哪裡，」我開始說道：「但是，假設你們不知道你們現在在哪裡，讓我解釋給你們聽，你們現在在我的房子裡，是的，**我的**房子——而且，有一天，我希望它會變成**我們的**房子。再假設你們不知道我說我的房子是什麼意思，讓我來替你們描繪一幅小小的圖畫。你知道的，在北費城，年輕人會宣稱他們擁有某些街角，而有人宣稱主權的街角是有它的規定的，我不能告訴任何人要怎麼處理他的街角，因為我不知道街角生活的規定。這樣你們了解嗎？假設你們不了解，讓我另外再舉一個例子。你們家裡的人在他們的房子裡做什麼，是他們的事，我不能走進他們的房

子，並且告訴他們應該做什麼事。為什麼？因為那不是我的房子，而且我沒有制訂規定。但是，莓屋高中是我的房子，而在我的房子裡，你們要遵守我的規定，而且你們不能有任何問題。」

我的教職員們一臉震驚地張大眼睛看著我，不過我現在抓住每個人的注意力了！

「現在，既然你們已經注意我了，而且，在開學第一天我必須再逮捕另一個人之前，讓我來告訴你們我的房子——莓屋高中——的規定。你們的諮商輔導員應該已經向你們介紹過這些規定了，但我要你們從我這邊親自聽到這些規定。一旦你們面對面地聽過我說明這些規定，它們就是規定。再說一次，這些規定稱為絕不妥協校規。」我一條、一條地宣讀這些規定，然後繼續說道：「讓我們來談談絕不妥協的意思。絕不妥協的定義是什麼？在我親自告訴你們這些規定之前，你們已經有很多人違反了其中的兩條規定：制服穿著規定和毒品禁入校園。攜帶毒品進入我的房子是絕不妥協校規之一，違反絕不妥協校規的懲罰就是校外停學。」在那個時間點，有位學生大喊：「我們才不在乎。」我回應道：「當你沒有家長陪伴就不能進學校的時候，你就會在乎了。」

在以前，校外停學是一種笑話。學生會被停學，依據他們被處罰的天數而待在學校外面幾天，服滿他們被處罰的天數之後，就這樣回到學校裡來。家長從來沒有收到書面通知，家長或監護人也從來沒有被要求要親自到學校來，好讓他們的孩子重返學校上課，所以學生認為這就像是派對一樣，被停學的那幾天，他們就在街上遊蕩，然後就回到學校來搞破壞，完全沒有涉及任何一個家庭成員來協助矯正他們的行為。

所以我解釋這個重返學校的新流程，在他們因為違反絕不妥協校規而被處罰停學後，學生會收到停學通知，裡面會打上完整的故事，好讓他們的家長看到與了解來龍去脈。他們會依照處罰的天數待在校外，重返學校的時候需要有家長或監護人到學校來參與會議。如果家長或監護人沒辦法帶孩子返校，校方允許他們在名單上列出其他三位代理人，在他們缺席的時候帶孩子返校。重要的是，必須有人知道這個學生違反了校規。

在停學與重新返校的流程檢視完畢，所有的校規也都詳加說明之後，學生們還在嬉笑、亂叫、製造各式各樣的噪音。在一片喧囂之中，我繼續檢視每一條校規，並且告訴他們，如果他們不好好聽我說明的話，他們最好讀一讀他們的手冊——因為在這次集會結束、處理完他們所有的問題後，規定就是規定了。這時有位學生從禮堂後方叫喊著：「嘿，小姐，我們想做什麼就做什麼！」我回答：「在我的房子裡，你就是不能這樣做。」

很清楚的，這些學生從來沒聽過什麼校規，也不知道有什麼制度能夠讓他們確實遵守校規。難怪莓屋高中是危險級的學校，這所學校一直沒有可以實際要求學生遵守的校規，沒有任何的行為準則在規範著整個學校團體裡的人應該如何互動。他們真的相信照這句口號來過學校生活是適當的：「我們想做什麼就做什麼。」

在當下，我沒辦法說什麼或做什麼，好讓他們依照我的方式來看待這些事情。我必須打好基礎，然後向他們證明我會贏得這場戰爭。我沒有別的選擇。孩子們的生活必須取得平衡，是他們選擇了在學校重複通知之後仍不遵守制服的規定，他們選擇了不聽老師的話，他們選擇了把毒品帶進學校，即使在進學校之前已經有人警告他們要檢查口袋。現在輪到我來執行和監督我們所設計的種種計畫，一項一項來對治我們預期學生會出現的違規行為。我的團隊和我已經為像這樣的一天做好了萬全的準備，我們絕對不會善罷干休。這些孩子應該在一個安全的空間裡接受教育，任何的違抗反對都不會讓我偏離方向和目標，相反的，它更加燃起我的鬥志，讓我更想戰勝每一場戰役，最後贏得這一場戰爭。

當這一天即將結束，我回到我的辦公室，坐在藍色領導椅上。對我來說，這是不一樣的一天，我以前總是習慣出去外面跟我的學生在一起，陪他們走到公車旁邊，甚至跟他們一起站在公車站牌的角落，隨意閒話家常。但是在莓屋高中，我不能這麼做。當我走到辦公室門口，想到外面去看學生放學，那些校警們要求我留在學校建築物裡面，因為對他們來說，在外面要同時保護我和學生，實在太難了。然後，他們說了一句：「你必須留在裡面，因為你沒有防彈背心。」這句話讓我動搖了，所以我留在裡面，裝備自己迎向長期抗戰，我一定要贏得這一場戰爭。

想想你的領導力

反對改變的聲浪會讓你夜裡睡不著覺。它可能來自各種源頭，而且它可能非常惡毒。要戰勝反對聲浪，你必須相信你的行動計畫，你必須有心理準備，一路上要做出不少突發的調整和修正。你必須適時、及時地處理反對聲浪，如果你不處理，它就會變得越來越糟，你的員工會將你拒絕處理反對聲浪的行為視為一種懦弱的象徵，然後他們就會做出某種接管控制權的行動。要有自信，而且要嚴格地堅持到底，永不懈怠。這並不容易，但是，如果你有萬全的準備，勝利必然會降臨的。

留意檢視：在面對反對聲浪的時候，你能夠堅持不懈的能力。

給你的問題：

- 你知道如何運用有創意的方式來處理反對聲浪嗎？
- 你可以如何運用反對聲浪來讓你自己更接近預定的目標？

17 堅定不移 Steadfast

我沒有辦法把「我們想做什麼就做什麼」這句話趕出我的腦海。我真的很難理解為什麼這麼多學生會認為莓屋高中是一個他們想來就來、想做什麼就做什麼的地方。那句話的想法是打哪裡來的?誰會相信他們活在一個自己想做什麼就做什麼的世界?難怪莓屋高中會名列在美國持續危險級學校名單當中,而且榜上有名已經連續五年了。那種想法是危險的,那也就是為什麼這所學校的學生因攻擊老師和學生而遭到逮捕的程度超越整個學區的原因。社區居民一定了解被分發到莓屋高中的學生的心態,因為八百名預定

分發到莓屋高中的學生當中，只有三百名學生真的進入學校就讀。害怕恐懼導致許多家庭逃跑、拒絕送他們的孩子來這所「持續危險級」的學校。我經常失眠，擔心著所有這些學生最後去了哪裡，我只能祈禱他們去了別的地方的學校。因為學校設施總體計畫而強制關閉了一些學校，目的應該是要節省學區的經費，但是，在這個過程中，許多學生失去了穩定的學習生活，而只有時間才能知道它讓他們的生命付出了多少代價。

第一次的師生集會並不只是說明全校行為規範制度的各項規定或懲處方式而已，同時也提到了莓屋高中將會提供的一些正向獎勵，這是我們的翻轉模式的一部分，都是依據學生的需求來設計的。在那次集會裡，我解釋了整個計畫主要的部分，我一次又一次地宣布，莓屋高中不是一個你來到這裡想做什麼就做什麼的地方，我告訴他們，這裡是你們來受教育的地方。我提到英語文學和代數課程是男女生分開上課，因為這兩個學科領域是最需要注意的，所以要盡量避免人際互動的干擾。我也說明了九年級將會開始的榮譽課程計畫，要符合這個課程計畫的資格，你必須要在賓夕法尼亞州學校評估系統（PSSA）的數學和英文測驗上達到精熟的程度。在仔細檢視了八年級的測驗分數之後，只有二十八位即將入學的八年級學生符合九年級的榮譽課程計畫資格。而在這二十八位預計分發到莓屋高中、具有精熟程度的學生之中，只有三位學生實際入學。儘管這個數字很令人震驚，但我仍然承諾要啟動這個榮譽課程計畫，如果有三位學生需要不同的課程，我就準備提供他們不同的課程。學生們也了解了畢業的要求與條件，我也解釋了學校的五個核心價值（傳統，誠實正直，傑出卓越，專注和堅持毅力），在四年的求學生涯當中，學校會協助他們培養這五項品格，好讓他們能夠追求他們的夢想。

然後，我跟他們討論另類替代教育計畫，這是專為需要比較短的上課時間和額外的學分才能畢業的學生而設的。這些學生可能超齡，也可能學分不足，可能是十幾歲的媽媽或爸爸，也可能是家庭照顧者。任何被列為可能輟學的高風險類別的學生，或是社區裡任何二十一歲以下、想回到學校讀書的學生，都可以註冊參與另類替代教育計畫。在他們就學的時間裡，我們願意嘗試任何傳統或非傳統的課程計畫，來幫助他們盡可能地學到更多的東西。

在整體說明了學校行為規範制度和翻轉模式的一些元素之後，我希望學生知道學校應該是有趣的學習之地，我告訴他們，為了讓學校變得有趣，他們必須參與學校將會提供的各式各樣的活動。然後，帶著滿滿的信心，我挺直身子，驕傲地宣布莓屋高中下一學年將會有橄欖球隊。這項宣布並沒有事先排練過，它不是我們書面規劃的翻轉模式

的一部分。這項宣布讓老師和學生們安靜了一下，因為莓屋高中在將近五十年的校史當中，從來沒有橄欖球隊。

在開學之前的八月，我曾經看到一些年輕人穿著橄欖球制服走下街道。那天早上我走進莓屋高中，詢問學校祕書和建築技師，莓屋高中橄欖球隊隊員什麼時候會來報到、做季賽前的訓練。他們兩個異口同聲地說，莓屋高中並沒有橄欖球隊，我聽了之後覺得很意外與驚訝。走進辦公室後，我打電話給學區的體育部門，他們證實了前兩位的說法，莓屋高中從來沒有橄欖球隊，我太過驚訝，無言以對。這所高中所在的社區裡，運動是孩子們的生命線，但學校卻沒有橄欖球隊？在我詢問橄欖球隊的事情之後不久，我接到一位朋友的電話，他在某個法院指定的管訓安置機構工作，他說他要送一個新學生過來給我，並說他是很棒的孩子，也是很傑出的橄欖球員，只是剛剛惹上了一些麻煩。接著他問我學校有沒有橄欖球隊，我必須回答「沒有」。他很失望，因為這個學生在管訓安置機構裡打橄欖球，而這項活動也開始改變他的人生。那通電話讓我確定了我必須在莓屋高中創立一支橄欖球隊，我不知道我要怎麼做到這件事，但它必定會成真。

學生們用不可置信的眼神看著我，但是我想我也能在他們的眼睛裡看到一些希望。有一位老師後來告訴我，他對橄欖球很有興趣，所以這句話挑起了他的興趣，讓他很好奇我是誰，以及我要怎麼樣讓橄欖球隊在莓屋高中落實成真。每一個人離開這次師生集會的時候，都帶著正向積極的心情——不只是注意到違反校規的後果與懲罰，也非常清楚地知道我們要讓莓屋高中變成一所真正的學校的所有計畫內容。他們再也不需要猜想接下來會發生什麼事情，他們已經被告知接下來會發生什麼事情，而且是我親口說的，我是校長！

當然，那種「我們想做什麼就做什麼」的心態並沒有立即消失不見，在學校剛開學的前幾個星期，它出現了無數次。在開學第一週結束之前，每一條絕不妥協校規都被打破了。儘管我們針對校外停學的處分以及停學結束之後的返校流程制訂得非常嚴苛，還是有許多相同的學生不斷地違反同樣的校規，一次又一次，打架、偷偷打開校門讓別人進進出出、在走廊閒晃遊蕩拒絕進入教室、咒罵老師——你說一件，他們就做一件。每一次他們違反了一條絕不妥協校規，他們就得到同樣的處罰：停學在家，跟他們家長度過幾天的時間。

我知道研究的結果說，學校應該廢除零容忍的行為規範政策。嗯……當批評這些法令規範的人，自己的孩子不是置身於低成就表現、為暴力犯罪所苦的學校的時候，說這些話是很容易的。當你有好多好多的青少年拒絕遵守任何規定的時候，一所學校該怎

麼做？比如，當你說：「年輕人，可以請你進教室上課嗎？」得到的回應卻是：「臭婊子，滾開，我一點都不想動，你也別想叫我移動。」你會怎麼做？當一個學生說：「X你娘，這是我們的學校，我們想怎麼做就怎麼做！」學校該怎麼辦？當學生們大刺刺地公然挑釁、違抗老師和行政支援人員的每一個命令的時候，學校到底該怎麼做？又或者，當學校裡有一大堆的學生說：「我們就是不服從，怎麼樣？在我們遵守你們的規定之前，我們就會把你們操到死了！」當一所學校裡有百分之七十五的學生每天想來學校學習、做正確的事，但是另外百分之二十五的學生卻只想把學校搞成多數學生的一場惡夢，你說學校該怎麼辦？零容忍的倡議者總是提到校長應該或不應該對那些損害其他學生的安全和福祉的學生做哪些事情，但卻沒有人提及我們應該怎麼對待那些想要來學校學習卻被強迫待在悲慘、可怕的環境裡的學生，只因為有人認為零容忍是一個糟糕的想法。違規搗亂的學生的停學處分，給了想要學習的學生一個學習的機會，為他們創造一個學習的環境，是我的責任，而且我不會讓他們因為另一群學生拒絕遵守校規而必須戒慎恐懼的來上學。零容忍政策讓我有可能為所有學生和教職員創造有利於學習的環境。如果零容忍只是依據五條校規而已，學生們應該知道他們必須遵守這些校規。同時，這也是家長們的責任，他們應該堅持孩子必須遵守校規，而當家長們帶孩子重返學校的時候，我們就是這樣告訴他們的。

我也知道很多人會爭辯說，青少年就是想要被停學，這樣他們就可以待在家裡，我們讓他們停學，就等於稱了他們的心意。但這樣的想法其實距離現實很遙遠，違規搗亂的學生在學校裡擁有權力，所以學校才是他們想要待的地方。我發現，如果停學處分做得正確的話，沒有其他的處分會比校外停學更有用、更能改變違規學生的行為。我是怎麼知道的？我已經試過了很多其他的替代方案：打電話給家長、留校察看、校內停學、獎勵金、獎品、各種處分單……沒有一樣對嚴重違規的學生有用，因為所有這些方案都允許他們做一件事情：進入學校建築物裡面。一旦他們進入學校裡，其他的都不重要了。權力才是他們真正想要的東西。

另一個需要花費很多心力的領域是午餐時段。午餐餐廳的任務是我每一天最重要的工作之一，我會趁這個時段，了解學校的脈動和最新變化，探悉查明所有發生在學生之間的事情。此外，對於我決定只安排一個午餐時段的做法，學區上級覺得頗有問題。在我到職之前，這所學校本來有四個午餐時段。安排三百位學生在四個時段裡用餐，這是絕對不行的。關於學生在午餐餐廳裡的各種行徑，我已經聽說過好多可怕的故事，餐

廳是他們盡情演出「我們想做什麼就做什麼」的另一個地點。他們告訴我，學生會賴在餐廳裡，整整四個時段都待在那裡。當鐘聲響起的時候，他們就進入餐廳，跳過欄桿，抓了食物就跑。他們會這樣做的原因，是因為他們不想要任何人看到他們在吃免費的午餐。他們稱之為「免費午餐兒」，而那是非常丟臉的事，所以他們不想要在任何其他人面前吃那些食物。這樣的流程每天發生四次。這些狀況讓我知道，一次三十分鐘的午餐時段就是正確的解答，而且這個命令必須澈底執行。

我們在進出午餐餐廳的幾道門上，貼上了A到E字母的標籤，兩位警官被分配到D號門和E號門，風紀監督員被分配到A、B、C號門，他們在整個午餐時段都必須堅守在崗位上，除非餐廳裡爆發了打架事件。衝突解決專家、風紀管理師、另一位警官和我會在餐廳裡不斷來回巡視。這給了我一個機會可以跟學生閒話家常，聊聊任何話題，這是我一整天裡最喜歡的部分，透過近距離跟學生對話，並且跟他們建立穩固的關係，我可以認識他們，他們也可以認識我並且了解我正在嘗試做些什麼。每次跟他們說話，我會用他們最後的名字來稱呼他們，答話時則會叫他們「＿＿先生」或「＿＿小姐」。我想要對他們表現一種尊重，如此一來他們也會對別人表現同樣的尊重。表現尊重之意對於建立關係有很大的幫助，當我用先生或小姐開始我們的對話的時候，這樣的稱呼會讓他們很驚訝，並且強迫他們要好好聽我說。我必須要讓他們了解我並不想傷害他們，我所擁有的只有對他們的愛，而這也正是為什麼我期望並且要求他們來上學、受教育和學會遵守校規的原因。

這個午餐餐廳非常大，面積有一萬七千二百六十一平方英尺，還有另外一塊六千五百二十六平方英尺的專門準備區。對於餐廳的其他地方，我必須想出一個方式來把它切割成更小、更容易處理的範圍，我稱之為「區」，每一區都在某根柱子上貼一張標示了數字的大海報，這樣總共創造了十區。每一區的桌子都排列得很整齊，一位風紀監督員分配管理監督一個區域。學生可以坐在任何一區，我們沒有分配學生坐在特定的區域。根據以往的經驗，我知道青少年是習慣的動物，如果你給他們選擇，他們會習慣每天坐在同樣的區域，而他們的確是如此。這也就是我如何知道他們的名字、他們朋友的名字以及他們敵人的名字的方法。透過他們在各個區域裡的分布位置，我可以分辨出在餐廳裡的每一分鐘正在發生什麼事情，以及接下來可能發生什麼事情。

有了一個監督午餐餐廳的制度之後，接下來就需要一個取用午餐的新流程。學生要先走進餐廳，在任何區域選定座位，然後等待他們的區域被叫號。哪個區先取餐是選機選擇的。當呼叫到他們的區號時，那個區的學生要往前排隊，等待餐廳員工的夾菜服

務，然後回到他們坐的區域去。餐廳裡不准奔跑、跳躍和抓取食物。自助餐的員工很感謝這個新制度，他們再也不必因為害怕學生失去控制地搶食，而必須遠離食物、退縮往後站。

開學第一週的每一天，我都會提早在學生進入餐廳之前就先到餐廳就定位，拿著大聲公擴音器站在餐廳前面。當學生到達餐廳，我就透過大聲公擴音器一遍又一遍地大喊：「找到位置坐下來！找到位置坐下來！如果你不進來而且找個位置坐下，我們就不會開始取餐。」所有一切都已就緒。我已經分配給每位風紀監督員一張區號海報，現在是呼叫區號取餐的時候了。「一區，取餐。」沒有人從自己的位置上移動。「二區，取餐。」沒有人移動。「三區，午餐時間到，請取餐。」讓我非常驚訝的是沒有人移動。一天過了又一天，學生進入餐廳，坐在他們的位置上，但是沒有人願意走到餐廳前面來取餐。他們就那樣坐在他們的區域裡說話聊天，忽視我呼叫區號取餐的命令。我以前從來沒看過這樣的情形。他們怎麼會這麼自制、這麼有紀律地不站起來取餐，就算他們可能已經飢腸轆轆了？我說：「來啊！來啊！」試著勸誘他們出來拿食物，他們就是不離開座位，不管我對他們說些什麼。每一天都是這樣的僵持局面，權力是他們想要的東西，不計任何代價。

在某個時間點，學生們開始大叫：「我們不要吃那些免費午餐、免費午餐、免費午餐。」我不可置信地望著我的衝突解決專家和風紀管理師。你可以看得出來，許多學生想要站起來取餐進食，但是因為害怕恐懼而不敢這樣做。在一星期的僵持不下之後，自助餐的員工也開始擔心他們每一天必須丟掉、浪費的食物。隨著學生違抗的一天又一天過去，我想要放棄我的流程了，即使我知道這才是維持秩序和安全應該做的正確的事，但是我不希望需要這些食物的學生每天餓著肚子回家。正當我要讓他們像過去一樣自由的起身取用午餐的時候，我決定透過大聲公廣播，做最後一次嘗試。我用一種大聲但謙卑的聲音說道：「所以，你們到底還要撐多久？你們還要餓著肚子回家到什麼時候？真的嗎？真的要這樣嗎？全部就只為了我希望你們用有秩序的方式來吃午餐，我希望你們了解吃免費的午餐並不是什麼丟臉羞恥的事，你們就要這樣餓著肚子回家？這實在是太沒意義了！」整個餐廳裡一片靜默，我終於讓他們全部注意我了。然後，就在我要放下大聲公並且說出你們就自由取餐之際，一位學生站起來，慢慢地從餐廳後面走到前面，「威曼校長，」他說：「你是對的。你們這些人瘋了。我要拿我的午餐了。」當時，他被視為學校裡的老大之一，如果他說做，他們全部都會跟著做，而這就是接下來發生的事。在他開始排隊以後，他指示我開始呼叫區號，然後他們全部都開始排隊了。這就是

僵局的結束。我好高興，我好想哭。這一天，也是我開始對我的學生們唱〈生日快樂歌〉的日子，即使我根本五音不全。這一回合，我公開地贏得勝利，但我心裡卻不這麼覺得。這一天是另一個徵兆，代表著我這個校長生涯將會完全不像其他校長的生涯，就算它讓我感覺非常不舒服，我也必須有長途遠征的準備。如果莓屋高中要成為一所安全的學校，我就必須抹去學生心裡「我們想做什麼就做什麼」的心態。但在這一天，我同時也發現了，唱〈生日快樂歌〉對於建立關係有很大的幫助。

我的團隊投入了難以計數的時間在設計一個翻轉模式，想要讓莓屋高中變成一所真正的學校。我們都非常熟悉我們學生所面對的種種問題，而且我們也願意盡全力滿足他們的所有需要，但是我們不能允許他們打斷我們的主要任務——也就是教育他們。他們想盡了一切的方法，要奪回我們團隊來到學校之前他們所擁有的權力：我們訂下一條規定，他們就打破那條規定；我們創造一個制度，他們就破壞那個制度；我們提出夢想，他們深表懷疑。但儘管經歷了這一切，我們仍然堅定不移地守著我們對這所學校的願景。有時候，我們受到打擊而有所動搖，但是，當整個組織結構仍然保持堅定穩固的時候，我們大喜過望。

我的「話語」和我的「行動」都受到考驗。我知道，在真正的改變發生以前，這樣的狀況會發生，所以我歡迎任何的反抗挑釁。我也知道，身為一位領導者，我的話語和我的行動都可能會造成改變。我說出我想做的，我做到我所說的，不計任何的代價，就算這麼做有很大的風險。

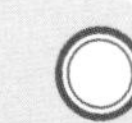

想想你的領導力

身為一位領導者，你的話語和你的行動，每一分鐘都會受到考驗。永遠別說出你無法採取行動、付諸實踐的話。記住，每個人都會記得你的話語和你的行動。當你沒有信守自己說出來的話，必要時刻也沒有採取行動，這是會摧毀你所有翻轉組織的努力的。

留意檢視：你的話語和你的行動。

給你的問題：

- 你信守自己說出來的話嗎？當你說出你即將要做的事情，你就一定會做到嗎？
- 你是否堅定不移？當你必須採取行動時，你會採取行動？還是會棄守、任由事情自然發展？

18 體認 Realize

在最初的兩個月，學校持續遭遇到許多的困難和挑戰。有一群學生勢力特別龐大，可以控制其他學生，他們非常堅決地想保有原有的權力，所以他們繼續不斷地違反校規。但是，他們違反絕不妥協校規的結果是被罰停學在家，停學的次數不斷累積攀升，但學校的秩序已經在望。

許多的問題盤繞在我的心頭。為什麼這些學生這麼桀驁不馴？他們為什麼不乾脆遵守簡單的校規就好了？為什麼他們的家長不堅持要他們遵守校規呢？為什麼他們的家長

要對抗我們對於孩子遵守校規的堅持呢？為什麼有些學生的語言和行為這麼的粗鄙惡劣呢？為什麼他們對老師和行政職員這麼的不尊敬呢？這些問題就是不斷地湧上心頭。我要怎麼樣才能讓莓屋高中變成真正的學校呢？我應該怎麼樣保護所有的學生和教職員，而且不必把學校變成一座監獄？要做些什麼才能降低同樣那百分之二十五的學生的停學次數，而且不必危害到整個全校行為規範制度？學校裡有這麼多的東西要關注處理，導致我的腦袋從來沒辦法休息。我永遠都在警戒待命，等待著下一個暴風雨來臨。我可以感覺到那種動盪不安的氣氛。我必須在心理上時時刻刻做好準備，全神貫注，才能應付突如其來的狀況。不斷地問問題讓我保持敏銳和警覺。

這些學生一心要讓莓屋高中保持我來之前的樣子，他們種種的反抗行為來得又急又猛。恐懼害怕是每天必然出現的情緒。必須確保每個人平安回家的負擔，有時候實在是太過沉重、難以負荷，使得我在某些日子裡，忍不住告訴上帝我撐不下去了，尤其是在一位學生當著我的面說我需要「一顆他媽的子彈射穿我的腦袋」之後。我無法相信我聽到的話，我站在原地，試圖理解他為什麼會對我說出這樣的話。我只是要求他在學校上課時間過後離開學校大樓而已。在說完這些話以後，他就跑出大樓了。我在想，他會不會去拿一把槍來射我？他在外面有槍嗎？他會不會等著我，在我要去開車的路上射殺我？我回到我的辦公室，打電話給我的費城警官，他問我那個學生的名字，並且說他會通報警方留意。那天傍晚我離開學校的時候，已經過下午三點很久了。在走到車子的路途上，我滿腦子想的就是那個說我需要一顆子彈射穿我腦袋的學生就在外面某處等待著我。學生們在午餐餐廳裡說的、談的，全都是槍。我知道如果他想殺我，他是辦得到的，這附近的社區裡到處都是槍。我快步走到我的車子旁邊，一路張望尋找著他的身影，或是其他坐在車子裡的人，或是站在附近的人，任何可能傷害我的人。我鎖上車門，快速驅車離開，大大地鬆了一口氣，腦中除了我的兩個女兒之外，什麼也沒想。我想到我的孩子可能失去母親，眼淚忍不住奔湧而出。實際上，我的眼前還閃現了我的喪禮的情景。他真的那麼痛恨我，就為了我試圖在學校裡創造出一種秩序，好讓他和其他學生可以學習？我的老天，這所學校到底是怎麼回事？

當我回到家裡，我心中暗自發誓，絕對不跟我的家人提起學生對我說的話，特別是我的兩個女兒，我不想要她們擔心，而且她們早就已經在質疑我擔任莓屋高中校長的決定了，我總是以「這是上天指派給我的使命」來回應她們的質疑，他們從來不懂這個回答是什麼意思，但不管如何，我就是一直這樣回應。我是她們的媽媽，她們只是希望我

脫離那個環境，但這是不會發生的。我怕槍，每一天我都請求上帝保護我的學生和我的教職員，也祈禱上帝讓我晚上能平安回到家，回到我的孩子身邊。

每天的廣播時間，是我跟學生和教職員一起討論每件事情的時候。每天上午的同一時間，我會廣播；每一次的開場都是我對著公共廣播系統大聲地喊叫，好吸引他們全神貫注地聆聽：

早安！早安！莓屋高中的學生和教職員，早安！這是今天給你們的廣播時間。

各位年輕人，我還在等你們在我的聯署書上簽名，好讓我們可以把這些簽了名的聯署書送到學區教育局去申請設立我們的橄欖球隊。我需要社區人士的簽名，越多越好；我需要你們把聯署書帶給每一個人。這是給你們的獎勵：收集到最多簽名的兩個人，會得到我送的禮物卡。不，我說的重點不是數量，我需要簽名，而且星期五以前就需要。然後我會把它們送交學區教育局，讓我們設立橄欖球隊。好好好……我需要你們的幫忙……

請確定你記得要遵守絕不妥協校規，它們很重要，它們是無可妥協的規定。諮商輔導員們，請記得每一天都要提醒學生這些規定。同時也提醒大家，我們今天上午要舉行一個月一次的師生集會。等一下我就會請你們所有人跟著老師一起到禮堂來。每個月，我們在禮堂裡的集會行為，必須表現得越來越好才行。老師們，當我呼叫你們，請帶著你的學生到禮堂來，謝謝。最後，記得——如果今天沒有人告訴你他們愛你，記得我愛你，而且我會永遠愛你！

今天我們預定要舉行一場非暴力課程的集會，這是司法部贊助的活動。當學生陸陸續續走進禮堂的時候，司法部代表正熱誠滿滿地表達他即將呈現的簡報內容。「威曼校長，這個活動很棒！去年我們在類似的學校裡獲得極大的成功和回響。」在我們先前的會議裡，我已經公開表明，我沒有很熱衷辦理非暴力集會，主要有幾個原因。不過，暑假的時候，我還是答應他可以辦理這場集會，當作我們接受美國檢察總長辦公室協助方案的一部分。

當學生魚貫進入禮堂之際，司法部代表正在對我簡要說明青少年法庭第一天的情形。那是司法部贊助的另一個活動，目的是為了降低校外停學處分發生的次數。青少年法庭允許學生同儕決定他們違反了那五條絕不妥協校規之外的其他規定時，他們應該受到什麼樣的處分，其中一個違規處分是社區服務。

學生們以毫無組織條理的方式，陸陸續續走進禮堂，他們還沒有適應定期到禮堂集會這件事。我們花了幾分鐘的時間讓他們安定下來，我需要運用大聲公的警報聲才能達成這件事。學生不喜歡警報的聲音，因為它真的很大聲而且會嚇到他們。當禮堂裡終於安靜了，第一位主持人走上臺，他是費城老鷹隊的球員，他之所以被包含在這項活動中，是因為我們認為讓學生見到一位真正的老鷹隊球員，會讓他們感到很興奮，可是他們並沒有好好地對待他。當然，糟糕的是這個球隊本賽季一直輸球，雖然表現有逐漸好轉，但是學生對球隊名次一點兒尊敬之意也沒有，立即就把他噓下臺了。當下我馬上知道，這將會是一個漫長的上午了。

非暴力課程的主持人以說故事作為開場，敘說他的哥哥在學校受到霸凌而導致他做出一些很糟糕的選擇。他繼續說道，這是一個非暴力課程的集會，目的在於防止霸凌，課程的一部分是要看影片。我對於這個活動內容一無所知（這是我的失誤），所以我不知道該預期接下來會發生什麼事。我對於他們必須看影片這件事感到有點緊張，因為這表示我必須熄燈。我在禮堂裡到處巡視，憂心忡忡，但沒辦法結束這個活動。影片開始放映，老師們看起來也有點緊張。這次集會才是我們第三次的集會活動而已，學生們的行為表現不甚理想，老師們努力試著讓學生安靜下來，他們根本沒有在注意任何東西。

當影片開始播放，我很訝異它的內容是重演哥倫拜恩高中（Columbine High School）的校園槍擊事件。我變得越來越擔心，因為我不知道這個活動要怎麼樣在展現暴力之後教導學生非暴力行為。然後我想起了在哥倫拜恩高中的悲劇裡，霸凌扮演著重大的角色。我的心臟開始急速狂跳，我非常害怕。我不斷地告訴自己：把燈打開，結束這一切。但我不想失禮，而且我也需要司法部這個夥伴的幫助，有他們跟學校的合作，給了我一些安全感。我必須相信，這個課程活動有它實質的意義。

看影片的時間越長，學生的聲音就越大。一開始，我不曉得這些聲音是不是因為看影片而引起的憤怒或害怕的嘆息聲。讓我大吃一驚的是，我聽到的並不是嘆息聲，相反的，那是無法控制的嘻笑聲。但是，如果他們看的是這麼讓人不舒服和絕望沮喪的影片，為什麼他們在笑呢？有什麼好笑的？主持人和我彼此對看，他們的反應讓我們大為震驚。看著這麼可怕的事件，他們為什麼在笑呢？

我的老師們驚慌得臉色發白。終於，這部影片在播放某種訊息後結束了，但是我不記得上面的訊息是什麼。我直盯著學生們看，在看完我生平看過最糟糕、最可怕的事件之後，他們繼續無法控制的笑著。看到他們這種反應，主持人和我實在太震驚了，我們必須好好了解這些學生為什麼會對這樣的悲劇產生這樣的反應，所以我們決定帶領一群

九年級學生一起來進行圓桌討論。在我們進入禮堂隔壁的一間大教室之後，我提出第一個問題：「請問，有人可以告訴我這部影片到底有什麼好笑的嗎？它不應該會這麼好笑的。」我的三位榮譽課程學生當中的一位學生，用非常嚴肅和壓抑的語調說道：「威曼校長，你認為那真是一個重大的事件，但是，那跟我們每天晚上在街頭上看到的情景比起來，真的沒什麼。我們每天回家的時候看到的狀況，比那個事件嚴重多了。」我往後靠坐在椅子上，想著他們並不是故意表現得這麼惡劣，他們只是因為自己身上的創傷而變得麻木，那些笑聲是在釋放他們內在的痛苦。當他們在這個討論團體裡談話的時候，他們是這麼的難過和沮喪，他們說的每一個字、每一句話，都連結著一個絕望的靈魂。

離開這個討論會時，我們三個大人比那些學生更憂鬱、更沉重。我們感受到他們的痛，以及哥倫拜恩高中校園槍擊事件的痛。對於那些前來幫助我的人而言，這是非常難過的一天；對我而言，這是極度挫敗的一天。在那一刻，我覺得澈底被打敗了。但是我也知道，對於我應該如何領導莓屋高中，那是決定性的一刻。我的學生處在痛苦之中，非常深沉的痛苦，是這個世界將各種問題加諸在他們身上，導致他們如此地痛苦。這世上的每一種不公不義都會匯聚、影響到莓屋高中未來要走的每一步，無家可歸、貧窮、監禁、單親或失親、稱不上學校的學校……多麼混亂糟糕的世界。在十一月的那一天，我學到了很多，但我學到最重要的是我的學生日復一日與之共存的深沉絕望感。他們桀驁不馴、毫不尊重的「我想做什麼就做什麼」以及「我不在乎」的態度，跟他們的生活環境直接相關。當他們說「我不在乎」，他們是真的不在乎，他們相信他們的世界不會有任何一丁點的改變，而他們的世界就是他們過往所知道的一切，霸凌、暴力、創傷和悲劇主宰了他們的世界，那就是為什麼他們總是充滿絕望感的原因。讓狀況變得更糟的是，充滿希望的學生被迫要跟沒有希望的孩子處在一起，而絕望戰勝了希望，使得所有學生都陷入絕望當中。那也就是為什麼莓屋高中跟我過去三十年教職生涯裡遇到的任何學校都不一樣的原因。我從來沒有遇過真的覺得自己毫無價值的孩子，因為沒有人在乎他們，沒有人為了他們出面介入、處理事情，所以全部的學生就這樣瘋狂、憤怒、自鳴得意、麻木無感，而那也就是為什麼人家跟他們說話時，他們總是回答「無所謂」的原因。在那一天，二〇一二年十一月十九日，我終於懂了。這次集會是為了讓我有所學習，而不是為了我的學生。那一天，我知道我必須堅守我原來已經規劃、鋪陳好的軌道，但是我也必須要找到各種方法途徑，把希望帶給那些絕望的孩子。

在那一天結束之際，我坐在藍色領導椅上，還因為我的發現而處於有點震驚、發愣的狀態，但是我已經在思考接下來的步驟了。莓屋高中逼迫我必須跳出框架從每個角度來思考，才能解救學生脫離他們的絕望處境。我必須開放心胸，用更加複雜的方式來看待學校的願景，在我的改變計畫裡加入新的方法。是的，讓莓屋高中變成一所真正的學校是我們的目標，但是為了達成這個目標，我必須在這個學校裡傾注更多的耐心、彈性、經驗、期望和全部的愛，才能建立互信互賴的關係，並且給予學生一個為他們的生命奮鬥的理由。

想想你的領導力

有時候，當你準備運用你規劃發展好的行動計畫開始領導時，會出現某一件事，揭露了潛藏在組織底下的深層問題。當這樣的狀況發生時，請停下來說「啊—哈—」，並且改變你行動的軌道，立即處理那些問題。體認與處理潛在的問題，讓你擁有更大的成功機會。如果你沒有處理那些問題的話，你的任務必然會失敗的。

留意檢視：拓展、修改你的行動軌道的徵兆。

給你的問題：

✷ 有哪些證據或徵兆顯示你需要拓展、修改你的行動軌道？

✷ 你要如何認出和處理你的組織潛藏的問題？

19 信心 Confidence

在那次集會之後的幾個星期，我非常認真投入在嘗試找到新方法來激起學生的希望感。那個課程本來應該還有後續的活動，但是我把它們全部延後，直到我可以掌握學生的心理狀態為止。我請祕書盡可能多多安排離開社區的旅行，她設法預訂到一個月一或兩次的校外活動，去參訪大學、文化中心，以及參加一些建立團隊向心力的活動。就像我母親為我做的，我試著帶領學生看見社區以外各種不一樣的事物，提供他們一個值得努力奮鬥的目標和圖像。我希望他們看到，遠在他們絕望的生活之外，還有一整個世界的存在。我希望他們知道，教育是打敗所有發生在他們身上的惡劣壞事的第一步。我希望他們看到這個世界的美麗，並且找到他們在這個世界可以安身立命的地方。要給學生灌注希望，沒有什麼藥方，就我所知，跟著我母親搭長途巴士離開附近社區的經驗，帶給生活在貧窮之中的我一些希望。我祈禱我們規劃的這些旅行，也能對他們產生同樣的功效。

貧窮的生活會限制你日常活動的選擇，那些大多數人認為理所當然的活動，都不會是你的選項。看電影、去動物園、溜冰和渡假，如果你夠幸運的話，才有可能在小時候做過幾次這些活動。我的母親很有創意，她會運用各種方法帶我的兩個姊妹和我離開我們北費城的社區，到處去接觸生命中的美好事物，同時也用她自己精心為我們設計的活動來填滿這些時間。以前，星期天兒童搭巴士通常是免費的，所以母親就充分利用這項優惠，某些星期天，在上教堂之後，我們會搭乘不同的巴士路線，從路線的起點一直坐到路線的終點。在路途上，母親會指出她希望我們擁有的東西，她會說：「琳達你看，你喜歡那棟房子嗎？如果你想要那棟房子，你就必須去上學。你喜歡那一輛車子嗎？如果你想要那輛車子，你就必須去上學。」然後我的姊妹和我就會試著找到那條街上最棒的房子，並且宣稱我們總有一天會擁有那棟房子，那會讓我母親開懷微笑。這些巴士旅

行就是她跟我們共度時光，以及告訴我們好的教育能夠提供我們什麼東西的方式。這些接觸外面世界的經驗，是她為了讓我們產生夢想而特意安排的，而這也是我現在要運用來帶給學生希望的策略。

我也知道，獲得勝利的經驗，對於提供學生希望也很有幫助——尤其是對抗某個機構或單位，比如學區教育局，並且獲得勝利的經驗。我們周遭有很多愛唱反調的人，他們總是告訴我，不可能在莓屋高中設立橄欖球隊的，我聽過像這樣的話：「將近五十年來，你們一直都沒有橄欖球隊啊，為什麼他們現在要給你們設立橄欖球隊呢？」我認為，取得這項勝利，絕對會讓學生擁有另一個理由去懷抱希望，而且，任何一個希望的例子就會造成一切的不同。

前方的日子非常艱難。女學生們每一天都產生重大的衝突，女學生打架的事件發生在學校裡、在來上學的途中、在放學回家的路上，她們所做的一切就是打架，每一次，她們都被停學。我好擔心她們打架的嚴重狀況，導致我必須禁止女學生上學時圍頭巾，不可以戴宗教性的包頭頭巾，只能有圍巾圍在頭上蓋住她們的頭髮，主要的原因是，它代表著打架事件即將發生。我必須同時處理恐懼和希望。

一個美好的秋日早晨，八點鐘的時候，三個經常遲到的女孩準時到了學校，她們的頭髮包覆著漂亮的頭巾，而且那個通常跟她們組成完美四人組的英俊男孩不見蹤影。當她們走近人體掃描器的時候，傑克森小姐正站在門口，她告訴她們必須拿掉頭上的頭巾。其中一個女孩，她從來不跟任何人說話，即使別人對她說話也不回答的，竟然以愉快的聲音開口說：「早安。」傑克森小姐嚇了一跳，因為她從來不跟任何人說話。她揣想著為什麼她們今天沒有跟總是跟她們上學的男孩一起來，但是她沒有問。傑克森小姐真的很愛這三個女孩當中的兩個女孩，因為她們總是在一塊兒，而且經常因為她們龐大的身材而被其他人瞪眼怒視。所以，當她們抽抽噎噎地告訴她，她們知道關於頭巾的規定，但是在她們進到班級上課之前，她們必須再好好梳理一下頭髮才行，她相信她們，並且叫他們趕快去化妝室，拿掉頭巾，梳好頭髮，然後去上課。三分鐘不到，其中一位風紀監督員開始透過對講機大喊：「一級狀況！我的老天，一級狀況！」所謂一級狀況，指的是嚴重的攻擊事件。

這三個女孩魯莽地衝進一間教室，開始攻擊一個學生，很明顯地，昨天晚上在社區裡一定發生了什麼事，而這些女孩是來報復的。傑克森小姐對於自己沒有貫徹執行這項規定感到非常沮喪，這些女孩則是非常後悔她們沒有告訴傑克森小姐發生了什麼事，只

想自己親手解決這些麻煩。在那件意外事件之後，那三個女孩和被攻擊的女孩都沒有回到莓屋高中。我們後來才知道，在攻擊當天沒跟著三個女孩來上學的男孩，前一天晚上站在附近一個街角，被人用槍射穿胸膛；很幸運的，這一槍並沒有致命。不久之後，他就能夠回到學校上學了，不過，留在同一個社區害怕再被槍擊的恐懼實在太難以承受，所以他就轉學離開這一區了。恐懼，真真實實地存在於學校裡，存在於上學和放學的路上。灌注希望，並非易事。

教職員們努力在尋找適當的方式來處理每天的衝突。衝突事件發生得如此頻繁，我們必須把衝突解決專家從一位增加為兩位。學生們就是對所有的一切感到如此憤怒，小小的事情會逐步升級變成重大的爭執，然後就常常演變成暴力衝突。為了讓所有的情況都能獲得控制，許許多多的調停會議不斷發生。每個人都經常處於警戒備戰狀態。我告訴老師們要仔細聆聽學生之間的對話，如果有出現爭論的情況，即使只是一件小小的爭議，我也要求他們在它轉變成我們無法處理的大事之前，立即呼叫警察前來支援。我告訴老師們，在學生揮出拳頭之前，他們通常會互相爭吵、叫囂，所以，請在任何爭吵變成暴力行為之前，呼叫警察來幫忙。

我們每一天的任務就是要控制恐懼，不讓它蔓延擴大；並且激起希望，讓它生生不息。學生每一天都需要指引、結構化、成功的信念架構、能夠相信的東西，以及許許多多的耐心與愛心。這是我們的處方，也是提高學生脫離貧窮並成為成功大人的機率的方程式。

透過公共廣播系統傳送的學校廣播內容，大致上都是有目的、想要激勵學生和教職員的話，典型的廣播內容像這樣：

大家午安。在你們今天回家之前，我想告訴你們，我們的請願聯署獲得了兩項勝利。我們已經收集到超過八百個簽名呈報給學區，爭取設立我們的橄欖球隊，我們下一學年就會有一支球隊了！在我把請願聯署書交給學區之後，我會讓你們知道下一步該怎麼做。此外，我要你們帶五塊美金來，下個禮拜我們要去大學參訪，請記得，我們必須付巴士的費用，我希望把巴士塞滿，所以請帶五塊錢來。年輕人，我要你們記得，教育可以拯救你的生命，我希望你遵守校規、聽老師的話、做好你該做的事，這樣你才能從高中畢業。平平安安地回家去，並且記得——如果今天沒有人告訴你他們愛你，記得我愛你，而且我會永遠愛你！

喔，還有，別忘記，今天我們有男子籃球代表隊的比賽，這是免費的，歡迎所有人參加。我說**免費**，今天不會有任何的募捐活動。

免費、不用門票的比賽，會提高學生們參加的機率，也拉長一點他們不在街頭晃蕩的時間。

每日的廣播是我維持跟學生和教職員之間開放溝通管道的方式，我永遠誠實說出這些廣播內容。某些我說的話，聽起來可能有點爭議性，但我總是知道我需要說些什麼才能獲得他們的注意。灌注希望是我所追求的目標。

我那一天廣播宣布的籃球比賽是一場很棒的比賽，那是第一次我們聚在一起卻沒有發生任何衝突。教練希望那場比賽不要對學生和社區人士開放，因為他擔心會有暴力事件發生。我聽了，然後決定不對社區人士開放，但不是對學生。每個想參加的學生都可以參加。這場比賽非常擁擠，學生聚在一起，擁有共同的目標：打贏另外一隊。這是第一次我們以一所學校的身分公開對外，沒有人喊「我們來自費茲西蒙斯」或者「我們來自羅德斯」，我們是莓屋高中，我們一起為我們的隊伍加油打氣以贏得勝利，而且他們真的贏了。在比賽結束的時候，我們好興奮，而且每個人臉上都掛著笑容。莓屋高中贏了一場眾人預測我們會輸的籃球比賽。每個人魚貫走出體育館的時候，臉上都閃耀著驕傲的光，感覺真好。他們臉上的笑容是無價之寶，這讓我超級高興。我陪伴學生們走到門口，送他們離開學校，在勝利的興奮喜悅之中，我們擁抱彼此。

在最後一個學生給了我一個擁抱，而且在我能夠在她身後完全關上門之前，她快速地退回到學校裡面，「威曼校長，」她說：「外面有新聞臺的攝影機。」我請她走到新聞記者那邊，詢問他們為什麼在學校的前面拍攝，她照我給她的指令去做了，然後她跑回學校並且說：「噢！我的老天，威曼校長，他們說我們學校要關閉了，他們說莓屋高中被列在關閉學校的名單上，我們在這個學年結束的時候預定要關閉了。」她再一次給我一個擁抱，我告訴她回家去吧。在她離開以後，我覺得非常地不舒服，幾乎沒辦法走回我的辦公室。我是知道關閉學校的名單即將要釋出了，但我並沒有很在意。在我以前擔任助理局長的時候，我會參與哪些學校可能要關閉的對話討論，而且莓屋高中從來沒有在名單上。莓屋高中怎麼會以及為什麼會名列在關閉學校的名單上，而且中央辦公室怎麼沒有一個人事先警告我呢？我踉踉蹌蹌地回到我的辦公室，坐上我的藍色領導椅。我的老天，我想著，在同一批學生身上到底還會遭受到多少的痛苦？那些理應愛孩子的人怎麼能夠這麼殘忍呢？這些孩子什麼都沒有，絕對也沒剩下什麼東西可以付出了，而

現在，他們甚至想要拿走學校建築物的所有權——就在我努力盡我所能地做這種種的事情，好讓這座學校建築物發揮它的功用，成為學生希望的泉源的時候。

我檢查我的電子郵件，它就在裡面，一封邀請函，請所有即將關閉的學校隔天上午參與一場會議。白紙黑字的一封信，關閉學校的名單上包含了莓屋高中，那個日期永遠刻在我的心上：二〇一二年十二月十二日。我最重要的支持力量突然之間被撤走了，我全身麻木。更糟糕的是，我竟然是從新聞記者那邊得知我領導的學校即將關閉的消息。我真希望自己至少能預先為我的學生做好心理準備，但再一次，他們在這個真的很快樂的日子裡，以非常痛苦、造成精神創傷的方式，獲知了這個壞消息。

隔天早上，我帶著陰鬱的情緒去上班，但是當我進入學校的那一刻，我立即把我的壞心情隱藏起來。教職員們非常沮喪，學生們很擔心，他們臉上的表情顯現出他們非常害怕要再經歷一次轉到另一所學校的經驗。我下定決心要當一個樂觀主義者，我回了一封電子郵件給我前任的執行助理，裡面寫道：「他們認為我們學校即將關閉，但是我們不會關閉。」我持續不斷地告訴每一個人不必擔心，因為我們不會不背水一戰就關閉學校。我不知道這一戰會是什麼樣子，但我很有信心，我不會沒有奮力一戰就投降。我最後一次跟前任教育局長的對話浮上我的心頭，她告訴我，如果我真如我所宣稱的那樣愛我的學生，我就必須到中央辦公室工作，因為，有朝一日，為了維護貧窮孩子的教育權利，為了繼續我的職志，我一定會需要這個經驗。有朝一日，就是今日。

我無法停止思考莓屋高中怎麼會被列在關閉學校的名單上，那封電子郵件概要的敘述了關閉學校緊急會議時間和地點，出席者是學區教育局的官員和受到影響的學校校長。在名單上，有三十七所學校預定要關閉，所以全部三十七位校長預期要在上午十點出席會議。電子郵件上提到請準時，即使那是一個很難準時出席的時間。它也提到：「我們需要校長們的支持，讓這個過程盡可能順利地進行。」

在我讀過這封電子郵件之後，我立即為我暫離學校做好了計畫。我對全部的辦公室職員宣布：「今天，當我到達會議現場的時候，我一句話都不會說。」他們全都很驚訝地看著我，因為我總是直話直說，而且我剛剛才跟他們說過，我們不會不背水一戰就關閉學校。實情是，我實在太害怕我無法控制我的憤怒，所以對我來說，沉默是保證我不會表現得非常不專業的唯一方式。這將是我跟二〇一二年七月新到任的教育局長的第一次會議。

就在我要離開辦公室的時候，我的勤務主任給了我一份文件，是從費城警察局官方網站的社區犯罪統計區下載的資料。他搜尋了任何可能支持我們論證學校應該繼續開放的證據，這份文件裡，包含了莓屋高中附近社區犯罪率的統計資料，它概略描述了學齡階段和應該註冊就讀莓屋高中的非裔美國年輕人的謀殺率，上面許許多多的小黑點，代表的是死亡的青少年。我把這份文件放入我的手提包，離開學校去參加會議。

當我走進北布羅德街四四〇號的會堂時，裡面排排坐著三十七位悲傷的校長。沒有人在跟其他人交談，我們全部都呆坐在那裡，彷彿我們剛剛才被閃電擊中一般。教育局的學校官員從側邊的入口走進來，在會堂的前面一整排坐定。教育局長在他們當中，旁邊跟著一位負責收集資料好讓會議流程順利進行的年輕女性。議程是以問題作為開始，其中一位官員拿著一支麥克風，她把麥克風遞給一位又一位的校長。在整個過程中，我不發一語。我的臉堅硬如岩石，不流露任何一滴情感。我拚命試著讓我自己保持冷靜，我命令自己不可以說任何一句話。似乎有好幾位校長一直在問同樣的問題，因為學區官員沒辦法回答他們的任何一個問題。這種閃閃躲躲的提問不斷不斷地繼續，但我堅持不開口，即使到這個時間點，我已經想要尖叫了。最後，另一個校長站起來，問了前面一個校長已經問過的問題，而且同樣像其他校長一樣收到閃閃躲躲的回答。這一次，我受不了了。這位校長走向前把麥克風歸還給那位學區官員，當她詢問還有沒有問題的時候，我伸出手，拿走她手上的麥克風，然後我大吼：「**這實在是太不合情理了！**你們這些人到底有什麼問題？**這實在是太不合情理了！**」我看著局長和他的下屬，問道：

「你知道你們在做什麼嗎？莓屋高中到底為什麼會被列在關閉學校的名單上？你們知道我現在的這些學生，有的上個學年才從另一個關閉學校過來嗎？所以你們要再一次把他們移到另一所學校？你們這些人晚上怎麼睡得著覺？」

然後我彎下腰，從我的手提包裡拿出那份文件資料，把它舉得高高的。我繼續大聲地說：

「你們看到這個嗎？你們看到那些黑點嗎？這些黑點代表的是死掉的孩子們的遺體，處於學齡階段而且應該隸屬於莓屋高中的孩子們。如果你們關閉這所學校，他們要往哪裡去？你們已經關閉了附近社區的所有學校，而那些特許學校並不願意接收我的孩子，他們到底要去哪裡上學？」

然後，我轉過身來，面對會堂裡的其他三十六位校長。

「當他們關閉羅德斯高中和費茲西蒙斯高中的時候，我請求你們接收我的孩子，你們有些人並不願意接收他們，你們不想要他們。那麼，如果你關閉了學校，你們要把我的孩子們送到哪裡去？」

然後我點名其中一位學校官員，手指著她說：

「你怎麼可以這樣？怎麼可以這樣？你知道你犯了大錯，你承諾過我的羅德斯高中女學生說莓屋高中會是比較好的一個選擇，但那並不是真的。而現在你要關閉莓屋高中……」

我滿腔怒氣指責的那位官員非常難過，她哭著離開了會場。現在，會堂裡的每一位校長都在哭，因為他們也感受到了我正在感受的那種痛，但是卻無法以言語表達出來。我們因為各種不同的原因，全都被列在名單上，即使莓屋高中為何被加進名單裡的原因並不清楚，但那無所謂，在痛苦之中，我們是一體的。資料並無法反映出一位校長跟一所學校之間的連結關係，那是無法用任何資料數據來衡量的。而我，也像所有校長一樣，開始哭了起來，然後坐了下來。局長抓了麥克風，宣布散會，雖然這個會議應當還要再繼續兩個小時。對我們所有人來說，情緒實在是太激動了，會議必須結束才行。

我直接回到了我七月分出發時的起點，試圖說服每一個人：我的學生們值得也應該擁有一所優質的學校。**是的**，他們有許許多多的考驗挑戰和不當的遷怒行為，但那是他們生活中的大人所造成的痛苦；而現在，學校系統決定他們的教育可以一次又一次地被打斷，等於是在他們的傷口上再撒鹽。這些孩子怎麼可能不生氣、不憤怒？不管他們轉向哪裡，哪裡就有一個障礙，但是受教育這件事，不應該成為其中一個障礙，這是每一個美國公民都應該擁有的權利，而我的職責就是確定每一個人都具體實踐這個信念。為了確保它發生，我有責任要同時以各種多元的方式來處理希望和恐懼，而且我有信心，到最後，希望與公平正義會戰勝一切。

想想你的領導力

希望，是相信某件事物可以變得更好。沒有希望的話，努力皆是浪費時間。迎向你翻轉組織的挑戰，帶著這樣的期望：你是能夠為這個困難問題叢生之境帶來持久希望的人，同時也要花時間為他人注入希望。對於整個挑戰任務會產生什麼樣的改變，你必須一直保持正向肯定的信念。有信心的翻轉組織領導者會把希望變成他們前進的原動力。

留意檢視：你必須期許自己作為組織的希望看守員，經常把希望散播出去！

給你的問題：

- 你是否經常懷抱希望？你是否真的相信每件事都會朝你希望的方向發展？你會在你的職員之間散播這樣的希望嗎？
- 為了帶領你的願景落實成真，你是否有心理準備要站起來對抗現狀？

20 影響力 Influence

在學校關閉會議之後，我回到學校工作。這個會議讓我思緒混亂翻攪，也非常厭倦聽到「關閉」這兩個字。我坐在桌邊的藍色領導椅上，試著想清楚接下來該怎麼做。這個會議結束的時候，學區的官員請求校長的支持，好讓關閉學校的過程能夠順利進行。但對我來說，那只代表著：「不要妨礙學區教育局要走的路，你只要出席並且照著上級的要求做就對了。」這種事情不會發生的。我必須找到一個方法，避免我的學生受到更多的創傷。當然，我有一個家庭要照顧，也很在乎自己的工作，但是我不能讓那些考量阻止我做出對莓屋高中學生來說才是正確的事。

我知道我必須盡我所能地做各種能讓莓屋高中繼續開放的事情，用盡我所剩的每一丁點的力量。這場戰爭不是只為了現在正在發生的事，也為了過去多年來這個地區曾經發生在我和所有其他學生身上的事。同樣這個社區已經忍受了一次又一次的實驗：廢除種族隔離計畫，教師種族比例不均衡，行政人員和教師旋轉門方案，教育管理公司、特許學校和關閉學校。無怪乎社區附近區域的監禁率如此之高。是的，很多人會主張如果北費城區域的這所學校或其他學校是這麼可怕、糟糕，那就把它們關掉，但是，這並不是那麼簡單。如果你關閉了學校，卻沒有給學生去上更好的學校的機會，這只會讓已經失去功能的社區進一步地喪失功能。高中學校是社區的燈塔，不管它們被外界認為是好或壞。相對於關閉一所學校，我們應該做的是給予它所需要的結構和支持來修理好這所學校，而堅強的領導團隊、教師群和教職員是任何優質學校的基礎。

在我們受到關閉學校的威脅之前，我曾遇見一位住在附近社區的婦人，她是一個非常關懷社區的公民，有一天她來到學校，向我報告她在社區裡看見的一樁意外事件。當她在陳述事件的時候，分派到學校的費城警官走進我的辦公室，她突然沉默了，她說：「我不在警察面前說話，這在這個社區並不安全。」我會記得她是因為她神采奕奕而且真的很關心這個社區，當我發現我需要社區人士的支持，才能讓莓屋高中繼續開放的時候，我想到的第一個人就是她。我聯繫她，她非常熱切地想要提供任何可能的幫助，而且她聯繫了另外一個年輕人來協助我們兩個人。我們三個人定期聚會，討論該如何解救莓屋高中免於關閉的命運。他們兩個人都跟社區人士有良好緊密的連結關係，而且也涉及地方的政治。他們在社區裡受到眾人的尊敬，而且他們可以運用他們的影響力讓社區的民眾前來參與會議，共同商討阻止學校關閉的策略。他們有能力處理一切的事情。

這兩位社區領袖吸引了一大群民眾來參加我們會議每個時段的策略討論。會議裡的討論非常熱烈，每一個人都輪流表達了他們對於學區上級可能關閉莓屋高中的憤怒，即使他們很多人的孩子並沒有就讀這個學校。社區民眾認為這代表的是再一次從他們身邊奪走了某樣東西，而且他們不容許這樣的事發生。他們願意做任何事情來讓這個學校繼續開放。其中有一位社區領袖口若懸河地對民眾演講，她告訴他們，她的孫子上的是隔壁的學校，而且希望能夠到莓屋高中就讀。她要求每個人強力支持、一起奮鬥，讓莓屋高中繼續開放，而社區民眾也都同意要幫忙了。在會議進行的過程中，我站在陰影裡，看著這一切的發生，我對社區民眾的堅定決心刮目相看。這些居民已經受夠了，他們不要再失去莓屋高中。許多老一輩的居民站起來，述說著這所學校的歷史，還有以前學校差一點沒有蓋成的來龍去脈。當年，種族主義者運用各種方式，禁止非裔美國承包商協

助建設這所學校，導致學校停工，他們起身對抗當權派，一定要讓學校完工，結果是他們贏了。非裔美國承包商幫忙蓋好了莓屋高中，而現在要由同樣這個社區的民眾來拯救這所學校。

會議裡，大家決定第一要務是要寫信給這個城市的所有領袖：市長、城市顧問群、教育局長以及任何可以幫忙學校保持開放的人士。當然我們也聯繫了司法部以獲得他們的支持，司法部的代表為了我們特別跟教育局長預約見面。就算很多人不了解為什麼，但我們要奮力戰鬥，讓這個學校繼續開著。答案很簡單：這是我們的學校大樓，我們想要從我們開始的起點繼續奮鬥，讓它變成一所很棒的學校。在那個晚上之後，我們又辦了兩次跟社區民眾的會議，為我們跟學區官員召開的學校關閉會議做好準備，這是校方針對學校應該繼續開放提出辯護和相關理由的機會。我們對於這個社區會議的計畫很簡單：把我們的大禮堂的每一個座位填滿，總共有超過八百個座位。北費城社區惡名昭彰的是居民對參與社區公共事務的興趣缺缺，所以我請求社區領袖到外面去奔走，去執行這個簡單卻又複雜的任務：確保社區會議的每一張椅子都會被社區民眾坐滿。

隨著會議的時間日漸接近，學生們也開始越來越遵守絕不妥協校規。停學處分的次數降低了，校外旅行的經驗增加了，整個學年不斷地往前推進。除了每一天的「學生遵守校規」戰場、申請設立橄欖球隊的戰場、關閉學校的戰場之外，我們還有兩個主要的戰場在進行：教師和行政支援人員的有效性，以及寒冷的天氣。

在我們努力要讓莓屋高中變成一所真正的學校的過程中，要讓老師和職員們習慣他們的角色是有難度的。老師們有許多東西需要適應：新的教室空間，負擔全部的班級事務，男女生分開上課，每週繳交教學計畫給行政人員檢核，回應校長的回饋，追蹤記錄學生的進步情形，運用特定的教學架構，強調小組教學，每一天進行非正式觀察並給予學生回饋，以及服從全校行為規範制度。老師們被禁止給學生作業工作包來取代學生每天必須出席上課，學生們現在會進教室而不在走廊遊蕩了，但因為老師們需要大量的教師專業發展訓練才有辦法依據課程標準來進行教學，所以老師們不太曉得如何給予學生適合他們年級的作業和任務，經常遇到困難、痛苦掙扎。他們對於學生能夠做到的事情期望很低，而且他們對於如何進行達成課程標準的教學的知識也很缺乏。老師們就是不習慣學生出現在教室裡，以及有人在監督指導他們的教學計畫。

行政支援人員也需要被嚴密地監督，才會遵守他們規定要完成的職務。他們需要被提醒在走廊值班的時候不要吃東西或睡著了，要堅守他們被指派的崗位，以及不要使用手機，除非是在極度緊急的時候。學校在每個熱點都設置了人員和監視器，我們需要他

們每一個人完美無缺地監督自己負責的區域，形成一個圍繞在大家身邊的安全防護網。行政支援人員必須要很勇敢，負責讓整個安全系統連接在一起，而且他們要直接面對與承受來自於學生的憤怒衝擊。學生們很清楚，如果他們能夠讓行政支援人員違背貫徹執行絕不妥協行為規範制度的原則，所有的一切就會崩解。行政支援人員必須充分掌控走廊通道的所有權，他們擁有職權可以把任何在他們管轄區域內的學生送回學生所屬的教室裡去。老師們已經被告知，他們不可以未經許可就處罰學生站在走廊上，如果老師們這麼做的話，學生就會被行政支援人員帶回教室。老師們主管教室，行政支援人員主管走廊，這是我們應用的策略，要在這兩群人之間建立起責任制，才能讓學校真正變成一所學校。

然後還有寒冷天氣的問題。是的，凍死人的寒冷天氣。學生想在教室裡穿外套、穿連帽衫和戴帽子，但是我們擔心這會引起安全問題。而且，因為學校沒有暖氣系統，學生們穿著外套、扣子全都扣上的坐在教室裡，感覺也不太正常。我們拚命努力嘗試讓學生使用儲物櫃（他們已經很多年沒用過儲物櫃了），但是學校大樓裡的寒冷溫度讓這件事情變得不可行。我們不斷地打電話和直接寄送電子郵件到中央辦公室，要求他們派人來修理暖氣系統，寒冷的問題終於大致解決了。學校裡不再那麼冷之後，學生們就可以把他們的外套和其他衣物放在儲物櫃裡，當然，學生願意這麼做，也是因為我們針對「為什麼他們應該這麼做」跟他們做了不少的對話。

我們的學校重新組織會議（為學校關閉會議取的時髦名稱！）原本預訂二月十一日在莓屋高中舉行，但毫無預警地，它被移到一月八日，而且改換到城鎮另一頭的另一所學校。這種狀況很特殊，為什麼突然改變日期、時間和地點？其他即將關閉的學校並沒有發生這樣的事情。我的家長和社區支持者要如何越過整個城鎮去參加學校關閉會議？我們不曉得是誰在背後做出這些改變，但它讓我們覺得非常可疑。整個社區非常努力在遊說社區成員參與學校關閉會議，現在既然學區當局把會議地點改在我們學校外面，如何盡一切可能讓最多的人前往會議的新地點就變成了一大挑戰。我們從那些參與其他學校關閉會議的人那邊聽到一些謠傳，說學區官員從來沒有面對整場滿滿的觀眾。所以當輪到我們的會議召開的時候，現在改安排在多賓斯高中（Dobbins High School），他們並不太擔心，因為大家普遍都預期北費城的居民不會照登記紀錄的有那麼多人出席，特別是他們還得越過整個城鎮才能到達會議地點。為了翻轉那樣的說法，我的祕書特別製作了宣傳單，讓那些社區領袖挨家挨戶地去宣傳有關會議變動的消息。每一次社區居民問我們，他們可以做些什麼來展現他們的支持，我們都會告訴他們：

出席多賓斯高中的會議。當他們進一步詢問他們到多賓斯高中時要扮演什麼樣的角色，我們會回答：「就是請坐在椅子上。」這變成了社區流傳的一個笑話：「請來坐在椅子上。」地方的商業公司付錢租遊覽車，把附近社區的支持者送到多賓斯高中。我們是認真的想拯救我們學校，而且我們準備要成功贏得這一場會議。

當學區官員抵達會場，你可以從他們的表情看出他們有多訝異，他們從來沒有看過這麼多人出席會議。這是非常壯觀的集會人數，我非常驕傲社區成員所付出的努力，能夠讓這麼多人出席這場會議。

但是有一個問題。莓屋高中是隸屬於露絲・瑞特・海爾博士教育綜合學校的一部分，這裡面同時也包含了 L. P. 丘陵小學，而這兩所學校都名列在即將關閉的名單上。我們一起努力奮戰阻止學校關閉的命運，但是現在學區官員想要把我們分開，區分成兩場獨立的會議。

當學區官員宣布社區居民應該分開，各自前往他們所代表的學校的開會會議室時，居民們早已經就座了。沒有人知道該怎麼辦，所以我告訴社區領袖傳達下去，每個人都不要移動，我們不分開。那變成會場裡民眾反覆呼喊的一句口號：「我們不分開，我們是一體的，我們是一體的，我們是一體的。」我們擔心學區的策略是分開與各個擊破，但在這一天，我們不買帳，我們不會讓這種狀況發生。

會場裡持續湧進越來越多的人，直到最後只剩下站立的空間。嘈雜的音量不斷的升高，你可以感覺到空氣中的緊張氣氛。學區的學校官員在禮堂前方的座位坐下來，群眾的聲音變得更大聲了。學區官員呼籲大家安靜下來，試著控制整個會場的秩序，但只是使得聲音持續變大。其中一位官員朝我走過來，並且說：「如果我們無法控制這些民眾，我們就要離開了。」驚慌不安瞬間擊中我，我整個腦袋所能想到的是：如果他們走出禮堂，將會爆發多大的群眾暴動啊！我不能讓這種事情發生。我們是如此努力地召集社區居民參與這一次的會議，透過社區居民群策群力，也為了社區居民未來的福祉，我們絕對不能讓官員們就這樣走出會場卻沒有聽見我們對於關閉學校的心聲與擔憂。

我迅速地站起來，從她手上拿走麥克風，然後大聲對群眾說：「很抱歉，請大家聽我說！我們真的要讓他們就這樣走出會場，失去我們可以好好說故事給他們聽，告訴他們為什麼我們學校應該繼續開著的原因嗎？真的嗎？我們可以允許這種情況發生嗎？」群眾變得安靜一點點了。「孩子們有話想說，」我繼續說道：「他們已經排好隊，等著拿到麥克風來發言，我們必須聽孩子們表達他們的意見。所以，拜託，請安靜下來，好

讓我們可以聽見他們說話。如果你也有話想說，請走過來排隊，這樣你就可以有發言的機會，但是，發言時請保持基本的禮貌，這樣他們就不會離開會場。」然後我把麥克風還給會議的主持司儀。他們很訝異看到群眾對於我這一番話的反應。我願意在我的權力範圍內，做任何的事情來掌控全場，避免官員們離開會場。我非常非常想要每個人的心聲被官員們聽見，我們需要被聽見！

一個接一個的發言人走到麥克風前面，訴說他們覺得為什麼莓屋高中應該繼續開著的故事。有一位家長提到她現在在監獄裡的兒子，而且她概要描述了他的學校嘗試過的所有失敗的學區計畫方案，或者根本沒有任何方案，導致於他無法好好受教育，犯了罪而被關進監獄。一位老師走向前，重複說了一個我們長期以來一直遇到的同樣故事：如果莓屋高中再關閉的話，同一批學生在三年之內就會遭遇三次轉換不同學校的命運。「你們會希望你自己的孩子在三年內換三所不同的高中嗎？」他們問道。下一個上臺發言的是第一個去取用午餐的莓屋高中學生，是他終結了學校剛開學那幾個星期學生的午餐反叛行動。他以輕柔的聲音說著：「我們愛我們的學校，我們希望它變得更好，而且它也變得越來越好，但是你們一直在變換焦點，卻沒有給我們改善的時間。」

等待發言的隊伍越排越長，彷彿永無止盡。老師們、家長們、學生們和社區民眾全都走到麥克風前面，表達他們的關心與憂慮。這個會議預定在晚上八點結束，當這個時間一到，一位學區官員立即插隊，打斷其他還想要發言的人，造成會場裡的參與群眾一陣瘋狂，「不！不！我要發言，**我要發言！**」教育局長放棄他原定的劇本，允許大家繼續評論發言，過了晚上八點的截止時間。他回答每一個問題，並且聆聽每個人的發言，民眾的評論是難以入耳的。相同的主題不斷不斷地出現：「為什麼是我們的孩子？為什麼一直拿我們的孩子做實驗？為什麼要奪走我們孩子的學校？」

會議結束的時間很晚，大家陸陸續續走出會場時，都已經筋疲力盡，但是深深為我們所說的一切感到自傲，我們很驕傲整個社區凝聚在一起，為了拯救我們學校這個共同目標而奮鬥努力。

想想你的領導力

當你是領導者，你就擁有影響力。你必須運用你的影響力來讓其他人為你的組織做出正確的事情，你也必須運用你的影響力來讓你的社區變成一個更好的生活之地。為了讓任務成功，任何有需要的時候，領導者必須毫無猶豫地運用他們的影響力。**負責任地運用影響力**，是領導者的主要功能之一。

留意檢視：你運用影響力促使你的組織或社區發生重要改變的能力。

給你的問題：

- 當你的組織或社區需要有發聲的管道時，你是否運用你的影響力來確保他們的心聲被聽見？
- 你是否運用影響力來確保沒有任何障礙會擋住你們成功完成任務之路？

21 可能性 Possible

在學校重新組織會議之後的隔天早上，我滿身疲憊的抵達學校，準備上班。我立刻跌坐到藍色領導椅上，感覺到一股深刻的驕傲感，很驕傲我所愛的社區終於在學校關閉這個非常重要的議題上，站出來發表意見、表達堅定的立場。學校是否關閉的決定結果很重要，我很感激社區民眾都能夠站出來，在錯誤發生之前盡力阻止，而不是在它發生之後再來抱怨——在過去，事後抱怨是常有的事。

那天上午我的廣播內容特別輕快歡樂：

早安！早安！莓屋高中的學生和教職員，早安！

我竭盡所能以高昂又驕傲的聲音說出這些話，臉上掛著大大的笑容。

一開始，我要先說聲謝謝你們！謝謝所有昨天晚上出席重新組織學校會議來支持莓屋高中的教職員、學生、家長和社區民眾。我們證明了我們可以團結一致，代表整個社區集體來表達我們的擔心，並且以和平的方式要求學區官員聆聽我們的心聲。

每一天，我們都走過莓屋高中的大門，我們知道我們學校並不是很完美，但是有許多清楚可見的跡象顯示我們正在努力修正、讓它變得更好。我的孩子們，這裡多年來發生的事情跟你們沒有關係，我們現在在處理的是大人們拒絕領導、服務和運用他們的影響力來為你們打造更好的學習環境的影響和後遺症。我需要你們做的是繼續到學校來上課，認真努力讀書，讓你們能夠上大學，為你自己和你的家人創造更好的生活。拿我自己為例，我曾經坐在你們現在坐的位置上，住在你們現在住的地方，但是因為我決定給那個名為教育的東西一個試試看的機會，所以現在的我才有可能見識這樣的人生。年輕人，來上學吧，你們已經嘗試過許多其他「誤導擾亂」你們的方法，以為那些方法有辦法快速修理好糟糕的現況，帶給你們更好的生活，但沒有一項是有用的。所以，拜託，請給教育一個試試看的機會。

目前，我們所能做的，就是一邊繼續我們忙碌的生活，一邊等待關於學校關閉的最後建議處理方式；我們也必須等著聽到有關我們的橄欖球隊的最後結論，需要向學區申請處理的最後一道手續是練習場地的許可，一旦我們解決了那件事，就再也沒有任何東西能夠阻礙我們成立破天荒的第一支橄欖球隊了。運動指導員和我們司法部的朋友正在努力幫忙取得許可，所以請再等一等，而且要保持正念，我們一定會成功。昨天晚上，你和你的家人讓我覺得好驕傲，我們說出了我們想說的話，那是最重要的事。我愛你們，年輕人，謝謝你們所有人的支持……最後，記得：如果今天沒有人告訴你他們愛你，記得我愛你，而且我會永遠愛你。讓我們開始這一天吧，走吧！

在我們等待裁決到來之際，莓屋高中還是一如往常地運作著，老師們持續奮戰掙扎著準備教學計畫，學生們還是拚命地想要掌控他們在學校的權力，不過，我們每一天都進步一點點。

對許多老師來說，精準掌握小組教學是整個教學計畫裡最難的部分，他們不習慣管理一整個班級的同時還要毫不分心地照顧最需要幫忙的學生。隨著時間過去，這些老師試著逃避進行小組教學。但是，他們遇到最大的反對障礙，是真心擁抱小組教學的老師們的學生，因為這些學生在其他老師的課堂裡發現小組教學真正的好處，他們會要求老師們要負起責任，所有的課堂都要有小組教學。

小組教學不只對學生的學術能力造成改變，同時也是幫助老師和學生建立起正向關係的有效手段。老師們利用小組教學時間好好地了解學生，同時也進行補救教學，這段時間是老師在一天當中真正有機會去認識學生以及他們的困難挑戰的時候。

這樣的工作負荷量，加上學生難以處理的行為，造成老師的曠職和辭職，但是願意為這個改變付出奉獻的老師們，則是全力以赴地處理了所有的狀況，他們代理其他班級的課務，不會讓學生空坐在教室裡，沒有老師指導他們。

跟老師們共同進行教學規劃的時間也是很重要。在一週一次的準備時段裡，教學相關的教職員會聚在一起，討論教、學和學校文化氛圍。為了改善測驗分數、在趣味中學習、降低嚴重的意外事件、打造有益於教與學的環境，我們的重點必須放在教學方法上，但是提供優質的教學方法對許多資深教師卻頗為困難，對他們來說，嘗試要介紹說明這一課重點、示範新的內容、提供引導式的練習、檢視引導式的練習、給予學生獨立的練習、在獨立練習過程中進行小組教學、最後再發出評量型的退場卡，這些工作實在多到難以掌控處理。大多數資深老師習慣的教學方法，就是每天每天派發一整堂課的組織圖表而已，要他們擺脫這種做法很有難度。為了讓學生真正有所學習，教學方法是需要關注的領域。

為了讓老師們了解教學方法的重要性，我們展示他們學生的學習資料。我們只會把焦點放在每天來上學而且從來沒有行為問題的學生，我們運用這種策略，是因為老師們總是用「學生因為沒來上學所以沒有學習」當作藉口。我們展示資料不是為了讓老師尷尬丟臉，但是我們希望告訴老師們，每天都來上學而且行為規矩良好的學生不應該在每一個學科領域都不及格。我們也持續地展示中等學校的州立測驗分數分析資料，並且談論我們要如何填補學生學習的落差。在展示分析資料之後，我們常常辦理教師專業發展訓練，讓老師們知道如何寫出符合州立課程表現標準的有效教學計畫。然後我們陪伴老師們走過我們在羅德斯高中使用的七步驟教學計畫的每一個部分。我從來沒有拋棄這個教學模式，因為它在我過去的那兩所學校確實發揮了效用，我很確定如果老師們願意好好學習如何有效地運用它的話，它也會在莓屋高中發揮效用的。我告訴他們，教學是一

種藝術，他們必須經常練習才能更臻完美。當老師們就是拒絕接受指導和支持協助，也無法遵守他們接收到的命令之時，我會毫不費力地完成適當的書面程序來辭退他們，而且這是眾人皆知的事實。

總而言之，當我們在等待的時候，我們在學業成就上也有大幅的進展。願意為這個改變付出奉獻的老師們認真努力地改進他們的教學方法，並且跟學生們建立起有意義的關係。在學校關閉會議開完的一個月後，學校改革委員會（School Reform Commission, SRC）舉行了他們最後一場的學校關閉社區會議。學校改革委員會的會議室不是一個很大的空間，而且有許多即將關閉的學校，所以由兩位老師和同樣那兩位社區領袖和我出席這場會議。兩位老師和其中一位社區領袖以很有力量的方式發表了最後的結論，強調莓屋高中為什麼應該被重新考慮、不該列入關閉學校的名單當中。我覺得他們應該有最後的發言權，因為他們一直這麼認真努力設法讓學校繼續開放，這是他們的報酬。學校改革委員會的委員們沒有什麼反應，但我們離開時非常清楚我們已經盡全力嘗試了。現在我們所能做的就是繼續等待。四天之後的星期二，二〇一三年一月十九日，上午一點四十二分，學校設施總體計畫修訂版建議書發出來了：

昨天，我們做了最後的幾項更動，終於完成修訂十二月公告的學校設施總體計畫建議書的內容。在二〇一二年十二月到二〇一三年二月之間，學區教育局全面性地辦理外展社區會議，收集到許多回饋和評論意見，經過檢視與分析之後，修訂了超過十二項以上的建議處理方式。大約有五千人出席了學區的二十一場社區會議，同時我們也收到了四十份來自校長、學生、家長和社區組織的社區提案。

影響您學校與社區的建議處理方式已經過修訂，修訂版建議處理方式如下：

莓屋高中將於其現址繼續維持開放。

我很感謝您的學校社區投注了許多時間和精力在發聲與表達對學校設施總體計畫的種種憂慮。我確信，修訂版的建議處理方式必然能夠化解家長、學生以及像您這樣的教育者所提出的擔憂問題。我也有信心，這些改變會讓我們在為各種家庭提供更好的教育選擇的路上更向前邁進。

新版建議書建議關閉二十九棟學校建築物，包含十五所小學、五所國中、九所高中以及一棟租用大樓的合約終止。為了完成這二十九棟建築物關閉的流程，學區將會改變一些年級配置。新版的建議處理方式將使得整個學區的建築利用率接近百分之七十八，相較於目前百分之六十七的利用率，預計將提高百分之十一。

再次感謝您於這段過程當中的耐心與支持。

我們拯救了莓屋高中，它不會關閉了。我們展現、證明了一群全心全意投入奉獻的人們，懷抱清楚的焦點目標，團結一致共同奮鬥的時候，我們可以成就什麼事情。贏得勝利的感覺真是太棒了！它給了我的學生們一個真實的生活案例，說明了：如果你認真努力並且相信你的目標，那麼什麼事情都有可能發生。

為了確保莓屋高中能夠獲得它所需要的支持資源，教育局長同時也宣布莓屋高中將加入學區的復興學校試驗方案（Renaissance Schools Initiatives）第四組，這一組的學校被統稱為希望學院（Promise Academies），這些學校的學生學業表現屬於低成就層級，大多數的學生都生活在貧窮之中。學區將會另撥額外的經費來支持學校好幾年的時間。然而，立即來臨的狀況考驗著我的能力，我必須在學年結束時釋出百分之五十的教學和行政支援人員。

能夠重新更換百分之五十的教職員，是這個方案中最大的禮物，我能夠讓學校擺脫那些不好的教師，包含：每天發出套裝的作業工作包，導致學生不願意上課的老師；只知道讓學生做圖像式組織圖和抄寫教科書的教學方式的老師；不願意離開他們的座位來進行教學的老師；說謊讓學生被逮捕的老師；拒絕改善教學的老師；以及拒絕貫徹執行絕不妥協校規的老師。更多的資源是重要的，但是有能力可以把教職員大換血、重新來過，可以讓學生免於又必須忍受幾年劣質教育的命運。

在宣布學校繼續維持開放並且轉型為希望學院之後的幾個星期，我們為整個社區規劃了一個盛大的慶祝會，我們有好多東西要慶祝！我們決定舉辦星期六封街派對，我們獲得許可，可以封閉學校外面的街道，舉辦一場派對，有音樂主持ＤＪ和所有的東西。地方企業和社區捐贈了食物，我們有給孩子的臉部彩繪、大型充氣彈跳床和藝術繪畫活動，我們也有給大人的許許多多的贈送禮物：書籍、省電燈泡、食物和地方商業資訊，這只是其中的一些而已。我們甚至還有一個就業服務站，可以讓學生去登記暑假的地方工作機會。費城市議會、司法部和費城老鷹隊都前來跟社區居民說說話，稱讚大家做得很好。這是一個很棒的聚會，而且作為這個「謝謝」封街派對的完美結束，我們宣布學校的橄欖球隊真的要成軍了！一個有這麼多問題的學校，在一年內贏得了兩次重要的戰役：繼續開放之戰，以及將近五十年來早該有的橄欖球隊之戰。其他人都不敢投入的兩場戰役。年紀較大的社區長輩聽到這項消息，忍不住掉下淚來，因為他們在就讀莓屋高中的時期就一直想望學校能有一支橄欖球隊。莓屋橄欖球隊！每個人都覺得這是不可能的，但我一直懷抱希望。

在封街派對結束後，我回到我的辦公室。我坐在藍色領導椅上，回想著這些事情是怎麼發展成現在這樣子的。我在腦海裡重新檢視一遍，大約花了五分鐘的時間，從我擔任班級教師二十年後決定當校長開始，我回想自己擔任新教師督導教練才短短兩個月就變成了校長，我如何成為費城地區唯一一位處理過三所學校整併方案的校長，以及我如何發現位於北費城的學校其實都可以變成「真正的學校」，需要的只是正確的領導團隊，能夠讓每一個人都負責盡職的做好政府付薪水聘請他們做的工作。我也接下了像助理局長這樣的職位，即使當時我並沒有想要這份工作，但它都是為了讓我贏得這場戰役的準備：拯救一所學校，並且向社區人士證明眾志成城，多數人的堅持就有力量，還有，堅定不移的信念必然會產生不可思議的結果。恐懼仍然存在於路途的每一步當中，但是，希望不再只是我們想望的東西，而是我們真實擁有的東西。我結束我跟上帝獨處的時間，並且說出好大的一聲：「**謝謝！**」

想想你的領導力

「謝謝」會產生意想不到的幫助效果。盡可能經常說出「謝謝」，在任何時刻，為了任何原因，對任何人，請說「謝謝」。當人們完成一件很棒的事情的時候，喜歡聽到他們的領導者對他們說「謝謝」。在慶祝的場合公開地說「謝謝」，這樣的慶祝場合會讓人們充滿動力，而且更專注在手邊的目標。花一些時間跟那些幫助你達成目標的人一起慶祝吧！

留意檢視：你的組織的慶祝會！

給你的問題：

✸ 你如何慶祝公司或夥伴的勝利？

✸ 你上一次對協助你的組織獲得成功的人說出「謝謝」，是在什麼時候？

22 機會 Opportunity

早安！早安，莓屋高中的學生和教職員，早安！我希望你們星期六在我們的「謝謝」慶祝派對上都玩得很愉快。我知道我當然玩得很愉快。謝謝你們讓那一天變得那麼特別。我好愛你們！

我們這個月很少發生意外事件地撐到了舞會之夜，這象徵著我們已經開始像家人一樣團結凝聚在一起。這一整年，我履行了跟你們約定的每一項承諾。我說過我們學校不會關閉，結果我們真的不會關閉。我告訴過你們，我們在二〇一三到二〇一四年賽季將會擁有一支橄欖球隊，喔，結果你猜怎麼樣？我忘了告訴你們，頭盔今天已經送到了，證明這支球隊是真的要成立了。我說過你們會出去見識北費城以外的世界，而你們已經去過好幾次的大學之旅，還擁有幾次的文化參訪經驗。我告訴過你們，要讓我們每一天在這邊存活的唯一方式就是擁抱希望，停止過著「我想做什麼就做什麼」的生活，以及接受你生活中的結構和紀律。這個學年已經接近尾聲了，我前幾天在午餐餐廳聽到了對我的最大抱怨，你們當中有一個同學叫我「騙子」，其他幾位同學偷聽到這個評語，就對他說：「噢不，不，威曼校長不是騙子，她很真誠，她信守了她所有的承諾。」這個回應真的讓我一整天都高興極了，真的非常感謝你們投下對我很有信心的一票。

學生和教職員們，在我們短短相聚的這段時間裡，我們經歷了許許多多的事，但我們現在在這裡，即將要一起慶祝我們的第一次舞會之夜，我等不及要看到你們全部盛裝赴會的樣子，在你們漂亮的身上穿上漂亮的衣服來參加舞會。你知道我必須這樣說：我需要你們今天晚上都拿出你們最好的行為表現。我不希望舞會上出現任何鬧劇。這個夜晚是你們應該閃閃發光，而且對自己的成就感到非常驕傲的夜晚。我知道你們在猜想我會不會出席舞會之夜，而我的答案是會的。記得，我告訴過你們，我會穿得比你們所有人都漂亮，所以如果你想要看到我美麗的樣子，你務必來參加舞會。我想我應該會穿紅

色的禮服！我希望能在晚上的舞會見到你們！教職員們，請記得你們也受邀來參加舞會，我也希望能在會場看到你們。祝大家今天過得愉快，而且記得——如果今天沒有人告訴你他們愛你，記得我愛你，而且我會永遠愛你。

在說完上午廣播的結語之後，我坐回我的藍色領導椅，閉上雙眼，想像著這一切可能發展成什麼樣子：不是舞會之夜，不是整個學年，而是「特別節目」。我坐在那裡思考著我暫時不宣布消息的決定：今天晚上，《夜線新聞》（*Nightline*）即將播出〈隱藏的美國〉電視特別節目。

在九月初，學年剛開始的第三個星期，當我還在努力搞清楚應該怎麼領導莓屋高中的時候，我接到了學區代表打來的一通電話，她說她是來通知我，教育局長已經答應ABC新聞臺可以進入費城這裡的持續危險級學校進行拍攝，他們正在試著決定要在哪個有特色的學校拍攝，所以他們請求允許可以去參訪所有這些持續危險級的學校。在這一通電話過後不久，我收到這個節目的高級製作人克萊兒．溫勞柏（Claire Weinraub）寄來的電子郵件，我們安排了一個時間會面，她出現的時候手上帶著攝影機。這位製作人告訴我所有有關這個拍攝計畫的細節，以及我在拍攝鏡頭方面的權利。我問她，在播出之前我是不是能夠預先看到這個特別節目的內容，她說「不行」。那讓我非常緊張，但是教育局長已經允許她來這裡，而且目前還沒有確定任何東西，所以我繼續聽她說的種種細節。在內心深處，我知道他們是不會選擇莓屋高中的。

當我正在跟這位製作人進行對話，並且深思有關這個計畫的事情之際，我聽到助理人員透過對講機發狂似地呼叫我：「威曼校長，威曼校長，請下來這裡，請下來這裡，我聞到大麻的味道。」這個呼叫聲來自於一個我認不出來的聲音。我馬上跳起來往辦公室的出口衝出去，「我可以帶著我的攝影機一起去嗎？」製作人問。「我不在意，」我回答：「你已經拿到許可可以在這裡拍攝，所以走吧。」我們跑下樓，發現自助餐的監工站在自助餐廳附近的一個房間外，手上拿著對講機，鼻子對著空氣不斷地聞嗅。「你聞到了嗎？」他問：「那個大麻的味道。」製作人和我站在那裡，攝影機啟動拍攝中。我說我什麼也沒聞到，並且問他是否實際看到有人在吸食大麻。「沒有，」他回答：「但是，在吸食大麻以後，那個味道可能會留在他們手上一段時間。」我很生氣他這樣浪費我的時間，尤其是在製作人和攝影機前面。「先生，」我說：「我不知道你是誰，但是你不應該對著我的對講機大喊一些你自己都無法證明的事情，你懂了嗎？」我痛恨這所學校和其他危險級學校裡的許多大人對待學生像對待罪犯一樣，甚至曾經有一位警

官這樣告訴我：「他們全都是危險人物，你不知道嗎？」我說不，他們不全都是危險人物——而且永遠不要對待他們像對待罪犯一樣。

在這個突發事件過後，製作人問我那樣的情形是否經常發生，我說是的。我們回到我的辦公室，她繼續告訴我更多有關拍攝計畫的細節，它聽起來很有趣，但是我不喜歡被人採訪。在我擔任助理局長的時候，我從來不接受採訪，當時這在公關溝通部門是個持續流傳的笑話。不過，這個拍攝計畫含藏了某個很不一樣的東西。

在製作人離開之後，我打電話給學區代表，詢問我是否必須同意這個拍攝計畫。我想要知道這是不是教育局長的命令。她回答說其他的校長已經拒絕了，所以我也可以做同樣的事。她繼續說，如果我們被選為拍攝的學校，我可以自己決定是否允許他們留下來拍攝或拒絕他們。

當我掛斷電話，我坐回到藍色領導椅上，思考著這個機會。它來得真不是時候。這個學年才剛開始三個星期，我還在惱怒學區教育局竟然允許這些學校整併成在一起，而且我也生氣自己竟然會以為我可以處理這樣的任務。我不想基於我自己的憤怒來做這件事。我靜下心來，花一些時間好好的思考這個拍攝計畫，決定了如果我們被選為拍攝學校，那絕不會是偶然，而是命中注定的事。是時候讓每一個人看見我的孩子們為了獲得教育而必須忍受什麼樣的狀況了。我想要這個世界的人們看到，在一個非常危險的鄰近社區裡，整併三所學校會導致什麼樣的事情發生；我想要世上的人看到關閉學校的真實效應；我想要世上的人看到這裡的教育環境，對比世界上其他地方的教育環境；我想要世上的人察覺到這一切都不是學生的錯；我想要世上的人看到，生活於貧窮社區、帶著情感創傷的學生，加上一個無法處理他們的需求的教育系統，教育這些學生需要付出什麼；我想要這個世界看到，如果我能夠讓這些學生相信我之所以到這個學校是因為我在乎、關心他們，就會造成改變。我感覺到這個機會一定是上帝賜予的禮物，上帝希望這世上的人們看到我的孩子們必須日復一日忍受什麼樣的狀況，只為了獲得教育；上帝希望這世上的人們看到愛是唯一可以消滅恐懼的東西。我下定決心了，如果我們被問及是否願意成為拍攝學校，我會說願意。

黛安．索亞（Diane Sawyer）和她的團隊選擇了莓屋高中當作拍攝學校，在一整年的拍攝過程中，他們有機會看到許許多多的事情：打架、毒品、教職員工的痛苦、用來保護學校的九十四座監視器、用來改變學校的策略、學校關閉會議、日復一日受到攻擊的學生眼中的傷心難過，以及所有其他因為貧窮而受到的種種影響。他們也看到了我的挑戰：試著維持每天的和平與秩序、試著跟很有挑戰性的學生建立關係、試著創造出一種

能讓學生生活有所依靠的穩定結構、試著教導他們五個核心價值、試著說服他們留在學校和回來上學、以及試著找到幫他們支付大學學費的方法。他們看到了所有的一切，我何時笑、何時哭，這一切就是這麼艱難——但我是領導者，我堅定地領導每一天，我學生的教育就靠它了。

當一整年的拍攝完成，特別節目就要播出的時候，我變得緊張起來，因為我知道他們拍了什麼，但是我不知道我的學生和我會被描繪、塑造成什麼模樣。我非常地焦慮不安，忍不住在它原本要播出的日期的前一天傍晚，寄了一封電子郵件給他們：

親愛的製作人，

我一遍又一遍地回想這個拍攝計畫。我唯一祈禱的是，這世界的人們不會把我的孩子們看成壞人。他們是他們自身環境的受害者，他們不是壞孩子，而是需要支持、教育和愛的孩子。

我了解這是電視節目，而電視節目喜歡聳動煽情的效果，但請不要那麼關注收視率而讓真實的故事消失不見。這個故事應該發展成我們的教育系統、家長和社區要如何擔負起支持協助弱勢年輕人的重責大任的故事。

請不要把它剪輯成一個毫無希望感的故事，讓觀眾認為我的孩子們不值得擁有受教育的機會。我一點都不想再給他們以及他們所生活的社區帶來任何的痛苦或恥辱。我之所以答應拍攝計畫，是希望支持我們學區的努力，想向這個世界證明：所有的孩子都能夠達到擺在他們眼前的期望和目標，以及，所有的孩子都應該在安全、有條理秩序的環境中接受教育。

謝謝您，

琳達・克萊特—威曼

寄出這封電子郵件之後，我立即收到回覆，因為受到美國對岸致命的龍捲風災情影響，這個特別節目不會在隔天播出，播出日期將會延後。有人說這是巧合，但我認為這是上帝的介入，為了給予製作人足夠的時間來說出莓屋高中的真實故事。因此，這個特別節目的全國播出時間被重新安排到跟我們的舞會之夜同一個晚上。

在上午的廣播當中，我沒有告訴他們《夜線新聞》的特別節目會在那天晚上我播出，因為我不希望他們擔心他們會被塑造成什麼樣子。我希望他們只要想著舞會之夜就好了。我希望他們有一個晚上可以從痛苦和憂慮當中解脫，我希望他們的舞會之夜會是他們最美好的夢想成真之夜。

這個舞會的地點在距離學校不遠的一座公園的博物館裡，雖然它距離學校只有幾分鐘的路程，但是那裡面一點貧窮的跡象都沒有。會場閃閃發亮，學生們也閃閃發亮。最早吸引我的注意力的幾件事情當中，有一件事情同時也讓我心碎，那就是看見我的一位學生和她三歲的小寶寶，她們穿著類似的服裝，她跟我解釋她的小寶寶就是她的舞伴，我允許他們照幾張相，但是為了安全的理由，請她的祖母把小寶貝帶回家。她只是想跟她的小寶寶一起照相，紀念這個時刻——我思忖著引發她這麼做的動機是什麼。

我穿著一身紅色的禮服抵達舞會會場，正如我先前承諾過一樣。我並沒有立刻就走進會場，而是獨自坐在公園的長凳上，祈禱著我不會讓我的孩子們蒙羞並帶給他們更多的痛苦。我祈禱著我並沒有做錯事，拍攝節目讓這個世界看見這些學生的困難挑戰並不是他們的錯，我做這件事情是對的。他們是貧窮的受害者，那些打架、槍械武器、暴力攻擊、無禮冒犯的行為、在走廊遊蕩以及「持續危險級學校」的標籤，全都是求助的哭喊聲。為了理解這些是求助的哭喊聲，你必須親自去認識他們——而且這就是問題所在。這世上的人只會從外面看他們，他們看到他們的膚色、他們的貧窮程度、他們無禮冒犯的行為以及他們衝動失控的行動，但是很多人不願意去認識他們的心——以及他們每一天因為必須在這麼困難的環境中長大而感受到的痛楚。如果你從來沒有貧窮過，就很難想像它所帶來的痛苦。但當你曾經經歷過，就像我曾經經歷過，你會知道那種痛苦有時候會導致你行為失控、到處發洩……好讓每個人都離你遠遠的。因為，認識我就等於知道了我的痛苦和我的問題，而我是不能讓這種事情發生的。

我繼續坐在那裡，坐在公園長凳上哭泣，有一位老師走過來問我：「威曼校長，你還好嗎？」淚眼婆娑的我告訴她我心裡的感受。「我應該要求他們先讓我看過那個錄影帶的。」我說：「我不應該讓我的學生經歷這一些，我應該把簾幕拉起來，把這個世界隔絕在外。為什麼我會讓這種事情發生呢？」一想到世界各地的人可能不會了解，我就非常地傷心難過。

那位老師告訴我，那個特別節目正在播出當中，還問我要不要看看它的內容。當我說不要，她就走開了。半個小時之後，她臉上帶著很大、很燦爛的笑容回來。「威曼校長，」她說：「它很真實，而且它觸動了我的心。」我問她孩子們狀況如何，她說他們就是做他們自己，但那很真實也很可愛。她還說，他們的故事線抓得很正確。然後，她說：「威曼校長，節目中有很多關於你的部分——關於你，以及你對我們的孩子們所有的愛。」我們倆一起坐在那兒哭了起來。

聽到學生們在呼喚我進入舞會會場的聲音，我振作起來，擦乾眼淚，補好臉上的妝，然後走進去。孩子們的故事已經說完了，我如釋重負。

在我們整晚大開派對的同時，老師們的手機鈴聲從來沒有停止過，有好多朋友和共同工作的夥伴打來慶賀的電話，還有完全不認識的陌生人打電話來，全都在問一個簡單的問題：「我可以做什麼來幫助你們的孩子？」我們真是受寵若驚。這個晚上我們感受到如此多的喜悅與歡樂，學生們看來如此漂亮，而且，長久以來的第一次，我對這個世界充滿希望。

在電話不斷打進來之際，我們發現全世界的人都想要幫助學校的孩子們。就算是在我最狂野的夢裡，我也從來不敢奢望會有像這樣子的事情發生。電視節目的故事是從持續危險級的學校以及學生所必須忍受的所有恐懼開始，結尾則是為許多學生的未來提供了好多好多的希望。舞會之後的隔天，老師們必須幫忙接聽電話，電話就是不停不停地響起，各種種族與信仰的一般民眾想要提供協助、為我們祈禱，並且表達他們深刻的理解，主動提議要幫助這些他們從來沒有見過的學生。而且，不只是一般的民眾想要幫助學生——還有一位特別的名人也想做同樣的事。

有一天，一位來自中央辦公室、很友善親切的女士來拜訪我們，她告訴我，有一位名人（名字她無法透露）想要幫助我的學生。「你們需要什麼東西？」她問。有一分鐘的時間，我無法思考。饒舌歌手米克・米爾（Meek Mill）在青少年時期就讀莓屋高中，他已經在十二月的時候來拜訪學校，並且捐贈一筆錢購買書籍，所以不可能是他。她接著問道：「如果你可以要求任何東西，你會想要什麼？」以前從來沒有人問我這樣的問題，所以實在有點難想像各種可能性。我開始思考下個學年的需要，學生們會需要穿制服，因為對社區家庭來講，新衣服太貴無法購買，我可以運用一些幫助來購買學生的制服。我告訴她，暖氣系統在冬天還是一個大問題，當暖氣系統沒辦法正常運作的時候，學生通常冷得要命，如果有個東西能夠讓他們保持溫暖也是很好的。我也提到，我還想要讓他們上某種音樂課程。她做了筆記，並且說她會保持聯絡。她說她親自來這裡，是想親身體驗電視節目所播出的故事是不是真實的。在離開辦公室之前，她轉身看著我，並且說：「我會讓每個人知道它是真實的。」

幾個星期之後，答案揭曉了，是德瑞克（Drake）這位音樂超級巨星想要捐贈我所提到的每一樣東西給莓屋高中的女學生：制服、冬天保暖穿的長袖運動衫，以及，讓我非常驚訝的，一間音樂工作室的基金和相關資源。他的幫助還不只這些，德瑞克想要跟

我的學生見見面，我們本來計畫讓他來學校，但是學區拒絕許可這件事，說是為了安全考量。德瑞克和他的團隊氣瘋了，所以，既然他不能來見他們，他決定把他們帶到他身邊。他送給每位學生和老師一張他的費城演唱會的門票，學生們欣喜若狂。

我們以為這已經是全部了，但還有更多東西。等我們抵達演唱會會場的時候，德瑞克把所有的學生帶到一個私人的空間，跟他們一起拍照，跟他們對話聊聊留在學校學習以及永遠相信他們的夢想和目標的重要性。他告訴他們不要讓任何人或任何事擋住他們實現夢想的路，他跟他們說起自己是怎麼開始演藝事業的，同時為了跟他們產生連結關係，他也告訴他們一些他的生命中非常私密的部分，他談到他的家人和他在學校的經驗，那是我在這次會面中最喜歡的部分，它是如此特別和暖心，我會把這些對話的細節，當成德瑞克和莓屋大家庭之間的祕密。一位超級巨星在忙碌的行程中特別撥出時間，帶給我的學生一樣東西，比起其他有形的物質，這是學生更需要的東西：關心他們的大人所付出的時間。當我們所有人離開那個房間、前往演唱會會場的時候，我的學生們都笑得合不攏嘴。等我們走上階梯，公共廣播系統宣布了一個消息：「這場演唱會取消了，將會重新安排日期再行演出。」我們震驚地站在原地，這場演唱會取消了，但是他在跟我學生說話的時候從來沒有提起這件事。他們從來沒有說明取消演唱會的原因。

當數以千計的粉絲在現場等待著演唱會開始的時候，他特地花了時間跟我的學生們見面，然後他取消了他的演唱會。這一切實在是太瘋狂了！

每個人走出演唱會大廳的時候都非常生氣演唱會竟然取消了，但是我們的學生離開的時候卻很驕傲，因為他們是那個晚上唯一見到德瑞克的人。德瑞克就是這麼關心我的學生，他希望讓他們覺得自己非常的特別。生平第一次，他們終於有一件事是高於其他每一個人，這個經驗是無價的。

隔天，德瑞克非常特別的ＯＶＯ樂團打電話來說，所有的學生都會拿到重新安排的演唱會的門票。當那一天來臨時，我們所有人都準時排隊進入體育館，內心充滿了期待。我們擁有館內最好的位置。當燈光亮起來，德瑞克走上臺的時候，身上穿的是他買給學生保暖用的同一款莓屋高中的長袖運動衫，學生們簡直瘋了。當他走出來的時候，他看起來這麼輕鬆愉快、這麼滿足。那一天，他讓學生們好高興、好高興。在這次相遇之前，我並不太知道德瑞克這個人，但現在我知道他是一個非常特別的年輕人。透過關懷照顧需要幫助的孩子們，他的歌唱事業永遠都會有上帝的祝福。

在舞會之夜的隔天，當學校辦公室裡的電話響翻天的時候，我就在我的藍色領導椅上，對這一切感到神奇、不可思議。這個世界上真的有許多人關心、體察和同情學生們

的困境。ＡＢＣ新聞團隊的節目改變了我許多學生的生命。我很高興自己沒有讓我的恐懼遮蔽了我的希望，他們會說出學生們的真實故事的希望。那天晚上，我回到家，寫了一封正式的感謝信給ＡＢＣ新聞團隊。

親愛的ＡＢＣ家族，

對於ＡＢＣ家族為我的學生和學校社區所做的一切，「謝謝」似乎是太過於簡單的一個詞，難以道出我心中的感謝。多年來，我的學生一直在忍受劣質的教育、成為貧窮生活環境的受害者、不斷在應付貧窮的逼迫壓力，年復一年曝露在這三大影響因素之下，產生的負面影響就是讓我的許多學生痛苦、憤怒和傷心難過。當你緊緊抱著這麼多的痛苦而且沒有正向管道可以釋放你的情緒的時候，暴力行為就出現了。我的學生經常承受著這樣的現實重擔。

然後有一天，你們團隊開始尋找一所學校，深受長年名列持續危險級學校名單所苦的學校。我不知道你們期望找到什麼，但我很確定你們在莓屋高中找到了。但是除了看見暴力行為之外，你們也能夠看到有許多潛藏的因素造成了這樣的暴力行為。你們的任務是要製作〈隱藏的美國〉特別節目，敘說持續危險級學校的故事，但在做這件事情的過程中，你們能夠讓這個世界上的人看到我的學生不是惡劣的壞人，他們是處在危機中的孩子。你們能夠告訴美國人和世界各地的人，當孩子們處在危機當中，可怕的事情就會發生。你們能夠打開觀眾的心靈，讓他們重新思考過去對於像我學校這樣的學生的觀感。我實在非常感激你們的觀眾看到了我每天看到的事情：這一群處於痛苦當中的孩子，需要關心注意，需要某種賴以活著的信念，也需要相信他們的人。

在收到了許許多多的捐贈之後，我們就有能力提供更多一般傳統高中會有的經驗給我們的學生，是那一種全美國的高中學生每天都會經歷的經驗：穿著制服、背著書包、校外旅行、有小說可以帶回家讀、以及參加PSAT（學術能力評估測驗預考）和ACT（美國入學考試測驗）。我們能夠付錢做這些事情，而以往在這所學校裡，這些事情經常被認為是「額外的福利」。我們現在能夠買外套給橄欖球隊隊員，鼓勵他們好好完成了一項賽事，也能給籃球隊隊員購買熱身練習衣，因為其他每所學校都有熱身練習衣。這些看起來似乎很小的東西，卻給了我的學生充分的理由留在學校。我們現在能夠替我們最聰明的學生付費去參加SAT預考，在他們十年級和十一年級的時候，這樣當他們到十二年級時，就能夠真正地跟別人競爭，進入好的大學。除此之外，我們也有了基金，可以給現在和未來的學生設立獎學金。當我們最近的畢業生回來學校告訴我們，因為一千美元的差額，所以他們沒辦法回大學或職業學校上學的時候，我們也有能力可以提供協助，讓他們支付另一年的學費。我們也能夠透過校外參訪，讓學生們去接觸許多的大學。你想像不到，帶學生去看這麼多的大學和職業學校，對他們的影響力有多大。他們有機會去看到自己未來的可能性。你們一定要來看看他們從大學回來的模樣，他們看起來好高興、好快樂。單純地只是離開鄰近社區，去看看其他人在這個世界上如何生活，他們心裡就會覺得未來他們也有可能這樣子生活。對我來說，最大的喜悅就是當那些有許多不堪回首的過往的年輕人，從一次旅行回到學校之後，跑過來找我並且說：「好的，威曼校長，我會嘗試看看那一所學校。」這些年輕人，前一天或前一個禮拜可能才從監獄出來，或者才要進監獄而已。

你們這個系列節目所做的最大貢獻，是幫助我進一步向我的學生和社區民眾證實：年輕孩子的暴力行為是求助的哭喊，而不是一種生活的方式。ＡＢＣ家族，你們聽見了他們的哭喊，你們的許多觀眾也聽見了，甚至連德瑞克也聽見了。德瑞克的捐助讓我的學生們能夠跟這個世界的人分享他們的天賦才能，這是多麼特別的禮物啊！

你們的特別節目挑戰觀眾擺脫過去對於孩子們為什麼會打架的刻板印象，你們告訴全世界的人，如果他們願意幫忙的話，這些學生的生活可以變得更好。你們為我的學生創造了一個跟世界分享他們的天賦才能的方法。你們讓整個社區的民眾看到了莓屋高中是真正的**學校**，不是一個隨意來混混或等待平凡貧困生活來臨的地方，而是一個可以開啟夢想的地方。更重要的是，你能幫助我給予學生們未來的希望，那看起來好像沒什麼，但是在這個社區，它是所有的一切。每次只要想到你們幫助我強化了那股希望，我的心與靈魂就會為之一顫。有些人走入你的人生，陪你度過一個季節，很幸運的，你們的慷慨無私可以幫助我把這一次相遇的影響力延長很多個季節，直到我們全都從地球消失的很久以後。我們一起投注心力在孩子們身上，而現在我的孩子們已經更有能力去體驗和改變一個我們可能從未見過的世界——一個將會受到未來領袖祝福與保護的世界，若不是因為你們的節目，這個世界可能永遠不會被外界所知道與了解。

請繼續尋找需要你們幫助的孩子們和他們的故事，就像我的學生一樣，隱藏的美國……哇！我們的問題有一度是被隱藏起來了，但是因為這個節目，現在全世界都知道，像我學生那樣的處境，其實存在於美國各地。這是我們的責任，要改變存在於美國的教育不平等。所有的孩子，不管他們的出身背景為何，都應該獲得高品質的教育，以及成為他們最好的自己的機會。

〈恐懼與希望〉是這個電視節目的標題；而因為你們的關心，恐懼不會再排在希望前面。現在，希望在先，恐懼在後，因為這樣，我永遠心存感激。榮耀歸於上帝，因你們所做的事情。一千次的謝謝都不足以感謝你們對我的學生們所做的事情。我只是想要說聲謝謝你們，從我內心深處。

尼爾森・曼德拉（Nelson Mandela）和我的看法都一樣：「希望必須戰勝恐懼，這是我們所有人能夠找到力量繼續往前進的唯一方式。」再次謝謝你們，而且記得，ABC家族，如果今天沒有人告訴你他們愛你，記得我愛你，而且我們，莓屋高中的家人，會永遠愛你。

誠摯的，

琳達・克萊特—威曼

友善與愛戰勝了一切。事實證明，世界上有許多友善的人們，永遠都準備好要伸出手來幫忙。這些人對這個世界來說，是非常非常特別的。

想想你的領導力

有時候，為了翻轉一個岌岌可危的組織，你必須冒險，即使當其他人都拒絕冒險的時候。恐懼會滲透進來，但是成功的機率值得冒險一試，而且回報會很豐厚的。

留意檢視：你能夠抓住機會以提高最終結果的能力。冒險吧！

給你的問題：

- 你會讓恐懼阻止你冒險嘗試那些可能導致組織翻轉改變的非一般傳統方法嗎？
- 你是一個勇於冒險的人嗎？如果不是，為什麼呢？

23 重視 Value

《夜線新聞》團隊會在接下來的九月回到學校，完成他們第二年的拍攝計畫，不過目前他們已經離開了。現在是六月，這段時間應該把焦點放在畢業典禮以及下一學年的準備。我坐在藍色領導椅上，思考著我的領導團隊。我經常提醒他們，我們的人生旅途不是意外交會在一起的，我們一起被安排到這個地方，是有一個非常特別的目的的。這樣的說法總是會讓他們感到迷惑不解，但是隨著時間過去，他們體認到我是對的。我需要他們的智識、熱情和相信事情可以改變的信念，而他們需要我的領導能力來為莓屋高中的學生創造出一所真正的學校。現在，這所學校有了一個基礎，可以往上建設了，這讓我們非常驕傲。

當我的心思持續從這件事飄移到那件事的時候，我也在試著決定哪些學生可以收到上大學的捐贈獎學金。通常，我無法專注集中心思的狀況出現時，代表的是我們可能會有可怕的一天。這個想法剛剛閃過我的腦海，我就聽到有人尖叫：「趕快叫救護車，校警流血了！」我推開辦公室的門，我的祕書大喊著：「快來！」我跟著她走出門，趕到前廳，發現我的警官——那位總是微笑和冷靜的警官——呈大字型躺在大理石地板上，頭上流著血。乍看之下，我以為他死掉了！我立即跪到地板上，試著安撫他，並且評估他受傷的程度。「他發生了什麼事？」我大喊，但是沒有人有答案。有三個年輕人跟另一個警官站在牆壁旁邊，其中一個年輕人手上戴著手銬。當鐘聲響起的時候，這個戴著手銬的年輕人被押送到警衛室，其他的學生湧進走廊。幾個學生注意到我跪在地上，走過來想看看發生了什麼事，我要求他們退後。然後風紀管理人員形成了一道屏障，不讓學生看到躺在地板上的警官。

在那位警官被抬上救護車之後，我趕緊跑到校警辦公室。戴著手銬的年輕人鎮定地坐在那裡，頭低垂著。這個年輕人從來沒有惹上任何麻煩，特別是從來沒有出現過任何暴力行為。我以非常嚴厲的聲音說道：「你為什麼做出那種事情？」他看著我，臉上帶著非常悲傷的神情，他的雙眼泛紅而且微微閉上，他的表情和他的動作讓我相信他可能吸毒了。他說：「我不知道為什麼我對他做出那種事情，真的很對不起！」他不斷反覆地說對不起、對不起，一遍又一遍，從來沒有提高音量，一直都是小小聲的呢喃。「你為什麼要逼我送你進監獄？」我問：「為什麼？你知道我有多痛恨逮捕你們任何一個人嗎？你最清楚了。」他一句話也沒說，但是我覺得我必須繼續說下去。「為什麼你要毀掉你自己的生命？我一直教你們要把重心專注在你的生命而且永遠要做出正確的決定，為什麼你就是不能照那位警官要求你做的事情去做呢？你有可能殺死那位警官，你知道嗎？」「我真的很對不起，威曼校長。」他說。「小伙子，他只是在執行他的工作，他的工作就是保護我們，當他對你下命令的時候，就是要遵守它。你知道嗎？」「是的，」他傷心的說：「我只是對另外一件事情又憤怒又沮喪。」

我讓他繼續留在校警辦公室，等待警方來送他進監獄。我超級沮喪，我有一位校警在醫院，還有一位學生等著進監獄，這兩個地方，是我一整年試著保護我的學生和教職員，不讓他們進去的地方。

現在到了午餐時間，而學生們都已經聽到消息了。他們大部分的問題都是有關那位警官，每個人都很喜歡他，學生和教職員都一樣，他對每個人總是謙恭有禮。我向所有人一再保證他一定會沒事的，請他們安心，但是每個人都悶悶不樂。這個事件帶來許許多多的回憶，當我到莓屋高中時，警察是對話的主題，學生們很怕警察，也不想跟他們扯上關係，而警察們也不想跟學生扯上關係。警方對學生的行為沒有任何正面的期望，他們認為學生都是危險人物。

從第一天開始，我清楚地設立了一個標準，關於警察應該如何對待學生，以及學生應該如何對待警察的標準，雙方都必須尊重對方的身分與地位，學生必須接受警察是到學校來保護我們大家的，而警察則必須接受這裡是學校，並且記住他們所服務的學生只是孩子，所以警衛的第一道防線永遠都是對話。警察與學生之間的互動對話是必須受到監督的，雙方對彼此都沒有信任感，必須靠時間來贏取彼此的信任。

午安！午安，學生和教職員們，午安。

嗯，今天是我們很難過的一天。有個學生做了很糟糕的選擇，導致我們學校的一位警官受傷，現在在醫院急救當中。我不知道我還要告訴你們多少次，在你行動之前，你

必須先想清楚。如果你很生氣，停下來，祈禱，喃喃自語一番，但是行動之前先想清楚。如果你過度反應，你會讓糟糕的狀況變得更糟；但是如果你在做出反應之前先停下來，你會看清楚你的問題並沒有如你想的那麼大，它是可以解決的。現在已經到學年的尾聲了，我們不會把時鐘的分針秒針倒轉回去，活在恐懼之中，你們也不能回到過去那種「我們想做什麼就做什麼」的生活。我們都已經知道如果大多數人都那樣想的話，將會發生什麼事。你們永遠都要尊重負責監督的大人，我們有校規在確保我們所有人的安全。如果你今天日子過得很糟，向某個人訴訴苦，好讓我們能夠提供你所需要的幫助，避免你會做出讓你自己後悔的事情。年輕人，我們並不是敵人，我們在這裡是因為我們關心你和你的未來，就如我一整年來一直告訴你們的，如果你想要改變你的人生，你就必須思考你的未來。

換個不同的話題，畢業典禮距離現在只剩一星期了，對於所有成功撐過這一年、能夠畢業的人，我感到非常驕傲。明天我們要做畢業典禮的彩排。安全地回家去吧，並且記得——如果今天沒有人告訴你他們愛你，記得我愛你，而且我會永遠愛你。

放學後，我立刻叫人載我去醫院探視那位警官。抵達醫院的時候，我非常擔心在搭乘電梯上樓的時候，遇見了很多學校警官，當我到達他的樓層，我們被告知他現在不能有任何訪客。他現在在接受一些檢查測試，他們會讓我知道結果如何。他的家人，包含他的警察同事都在那裡，所以我離開了醫院，心裡很不安也非常擔心。擔心這一位很棒的警官和他的家人，也擔心我的學生對他自己的生命和家人所做的事。

我後來得知，那位警官頭部受了重傷，但是並沒有危及生命。他被轉入醫院病房，不過幾天之後就出院了。

當被問及發生了什麼事，那位警官說，那個攻擊他的學生跟三個朋友一起從前門進來，而且遲到了很久。當他用機器掃描他的身分證件時，警告鈴聲響起，表示這個學生正受到停學處分。那位警官告訴那個學生，因為他被停學，所以他不能進來，他也提醒他適當的程序：如果學生不清楚自己為什麼被停學和需要澄清的話，他們必須提出要跟某人談話的申請，然後他們必須坐在前面桌子旁，等候傑克森小姐前來，跟他們談談有關停學的處分，並且通知他們的家長。那個學生完全不管整個制度和停止的命令，他跟他的三個朋友穿過掃描器，走進學校大廳，那位警官跟著他走進大廳，不斷重複他因為停學的關係不可以進入學校，並且命令他停下來。就在那位警官鍥而不捨地堅持要那個

學生離開學校的時候，那個學生轉過身，從底下拉住警官的腳，導致他失去平衡，一頭撞在大理石地板上。

那位警官因為這個事件，從此沒有再回到莓屋高中來報到與執勤，也沒有在這個學區的任何其他學校服務。有一天，他來拜訪我，並且送我一張感謝卡，謝謝我在他受傷的那一天照顧他。他解釋他對那個年輕學生沒有任何仇視或敵意，他只希望他能夠獲得他所需要的幫助。他繼續以一種非常擔憂的語氣說道：「這些孩子只是受到他們生活地區的種種問題的困擾和創傷，時代已經不同了，這些年輕人需要面對好多問題——鄰近社區的失業和犯罪問題。在貧困的生活中長大會造成壓力，而他們唯一能夠釋放這種壓力的地方就是學校。學校是他們安全的避風港，但是需要一些課程和計畫來真正地協助他們。」他祝福我一切安好，並且說，為了他的家人，他必須離開。他是一位偉大的校警，我們會非常想念他的。

在畢業典禮當天，我很早就到學校上班了，我需要時間來檢視畢業典禮的節目流程，處理我的校長信箱，吃早餐，以及感謝上帝我完成了這個學年。我短暫地閉上雙眼，整個學年的情景閃現在我眼前。喜悅與痛苦，起起與伏伏，開始與結束。我想起了在學校開學前的暑假遇到的那個年輕人的媽媽，她希望她的兒子能夠回學校來上學。他已經在另類替代教育計畫完成了這個學年的學分，準備在下一個學年就可以畢業了。他的媽媽真是個英雄，能夠把她的兒子拖回學校，並且強迫他對他的生命做出正確的事。社區學校是她必須前來求助的地方，社區學校會接受所有的孩子，不會用測驗分數、成績等級、身心障礙或出缺席狀況來選擇和挑選學生。社區學校會要求有嚴重社交與情緒問題的孩子都要來上學，並且適當地跟測驗分數較高與行為表現良好的學生分開上課。社區學校已經變成了收留身心受創的孩子的最後一個地方，為他們在這個世界上保留一塊公平正義的安身立命之處。我們需要的是寬容接納、同理了解、機會與愛，才能幫助這些年幼的青少年長大成為有自信、意志堅強的大人。

這是畢業的日子。為了讓這一天落實成真，我們所必須克服的種種困難挑戰，經常將人淹沒、讓人不知所措。我們只想要以正向積極的音符來結束這一年，我們想要無所畏懼，我們只希望送他們走上自己的人生之路，一路上都能堅持守住我們灌注在他們所有人身上的希望。大部分的畢業生都已經獲准進入大學或職業學校，或決定要投入國軍的行列。為了達成這個目標，諮商輔導人員確保每位學生都有一個出路計畫（exit plan），這個計畫包含申請至少三所大學，就算他們當時仍未確定他們是否想要上大學。我們已經帶他們去參訪夠多的大學，足以激發他們的興趣。我們希望他們離開學校

的時候，已經完成了所有的文件資料，萬一他們在暑假當中改變了心意，就可以用得上。我們不希望文件資料擋住他們未來的路。我們學生的家庭常常受困於大學申請的過程，所以我們希望能夠移除他們的這個負擔。許多學生不喜歡這項要求，但後來發現這個出路計畫對許多人很有用。因為《夜線新聞》的特別節目而湧進學校的捐款，讓許多學生擁有了上大學的可能性——那些原本並不預期自己可以獲得機會去上大學的學生。

當〈威風凜凜進行曲〉開始演奏，我帶領著畢業班走下走道。對我來說，這是驕傲的一刻。學生們不必在畢業時想著沒有人在乎、關心他們，他們畢業時知道他們被某一個人深愛著。他們看起來都好快樂，而這也讓我好快樂。他們也會走出高中校門，知道莓屋高中是一所真正的學校，這所學校會要求高三學生通過所有州政府要求的課程、完成一個高三計畫、擁有生命的目標、靠五個核心價值生活、遵守一個制度結構，並且能夠擺脫「我們想做什麼就做什麼」的想法，如果它會傷害他們或其他的人。

站在舞臺上看著他們每一個人的時候，我看到了一些驚喜：那些我以為永遠不會安定下來、遵守校規、完成畢業要求的學生，實際上做到了，畢業就是他們的獎勵。我覺得好驕傲！然而有些人沒有做到，街頭的幫派控制了他們，他們發現要擺脫這樣的控制實在是太困難了。不過，因為我們贏了反對關閉學校的戰爭，所以當他們準備好再試一次的時候，我們會在這裡歡迎他們回來。當畢業班的學生陸陸續續走到他們的座位時，他們看起來真漂亮，而淚水也開始湧進我的眼睛裡。我的團隊和我已經安全地帶領他們走到畢業，並且盡我們所能地教育他們。

畢業典禮的節目進行得很順利，接著就到了我最後一次跟我的學生們說話的時刻。是的，觀眾席裡充滿了家長、老師和學區職員，但是我在撰寫講稿的時候，心中只想著我的學生。在節目流程中，它稱為「校長贈言」，但對於我的學生而言，它是我最後的廣播。

所以我是這樣開始的：

晚安，晚安，莓屋高中的學生和教職員，晚安。

學生們爆出如雷的掌聲。

從我走進莓屋高中的大門，擔任你們的校長那一刻開始，透過廣播系統、在午餐餐廳、在教室裡、在走廊上以及在我的辦公室裡，我已經送給你們許許多多的贈言，讓你

們好好思考。這些贈言的主題包含了：你必須努力耕耘才能得到你想要的；要遵守校規；你的行為會有其後果；不要動手打人；不要去碰不屬於你的東西；你已經嘗試過其他每樣東西了，現在請試試教育；以及，教育是能帶給你和你的家人更好的生活的唯一方式。請了解我希望你們記得所有這些贈言，因為如果你照著這些話來做，在你這一生的所有日子裡，它們會對你很有幫助。不過，今天晚上，站在你們面前，帶著一顆沉重的心，我要送給你們最後與最終的贈言，希望它會帶領你們走過生命中所有的好日子，以及不那麼好的日子。

底下就是我的贈言……

在擔任校長角色的日子裡，我有機會跟你們許多人進行許多私密、個別的對話。我們曾經一起笑、一起哭，在聽完你們充滿痛苦和絕望的故事之後，這些對話通常會讓你們覺得挫敗又沮喪。你們常常會說，因為這些發生在你們身上的可怕事情，所以你們不要來上學，你們要放棄你們的人生，你們不在乎未來會發生什麼事情，你們身上就是背了太多的痛苦，你們甚至會質疑：「為什麼要擁有夢想？」

另一方面，當好事發生在你們身上的時候，你們看起來是那麼震驚，覺得這種好事怎麼可能發生在你們身上，真是不可思議。然後你們又退縮，回到過去的壞習慣，因為你們不想要任何人知道，你們的生活似乎有可能好轉。或者，你們甚至會跑來找我，並且要求我不要宣布或提到你們的好消息。我常常告訴你們，可怕的事情和很棒的事情都會發生在每個人的身上，有一些事情會比其他事情更糟糕，有一些事情會比其他事情更榮耀，但是你如何處理這些痛苦、傷害和好消息的方式，將會決定你接下來的人生。你必須永遠問自己的問題是：既然這件事情發生了，不管它是好是壞，現在要怎麼辦？那又怎麼樣？現在要怎麼辦？很不幸的，逝去的昨日無法重新再來一次。

我要送給你們這些問題：

你要允許你的過去，無論那有多痛苦，阻擋你往前邁進嗎？

你要允許過往的經驗，毀掉你整個人生嗎？

或者

你可以運用你的過去，推動自己往前邁進嗎？

今天，我想要提醒你們，所有過去曾經發生在你們身上的一切，到這一刻都已經成為過去，它們就是那些「那又怎麼樣？」的經驗。運用你的這些生命經驗，來激勵你自己往前邁進，成就你的偉大人生，幫助你為自己建立一個更好的生活。

於是，它帶著我走到了「現在要怎麼辦？」這一步。「現在要怎麼辦？」就是畢業

日的核心意義：全新的開始，全新的經驗，全新的夢想，全新的可能性，以及對未來全新的希望。你們的未來。這是你們開始新的人生、新的行動方案的時刻，你們必須好好設計全新的行動方案。這個行動方案會是什麼樣子？你們必須立即開始思考。

九月即將來臨，高中結束了，你們的下一步會是什麼呢？你會按照你自己說的，去上大學嗎？你會按照你自己說的，去投入國軍的行列嗎？你會按照你為自己設計的計畫去做，還是會坐在家裡嘗試找到一個更輕鬆容易、不需要額外學習的計畫，給自己一百萬個藉口來為自己辯解為什麼你沒有去追求你的夢想、為什麼你沒有按照你所說的去做？現在，你要怎麼辦？

你要白白浪費掉世界各地的人對你的投資嗎？或者，你會榮耀他們的投資，對你的未來做出積極正向的決定？現在，你要怎麼辦？

你要讓痛苦阻擋你追求你的夢想，奪走原本應當屬於你的美好人生嗎？或者，你就是會奮力一搏？現在，你要怎麼辦？

我已經體認到，對你們許多人而言，夢想是艱難的，請好好想想：到目前為止發生在你們身上的事，並沒有阻擋你們走到今天這一步。今天晚上是一個象徵，代表你已經決定站在「現在要怎麼辦？」積極正向的一邊，請保持積極正向。現在要怎麼辦？在你的家長、監護人、老師和諮商輔導人員的協助下，按照你為自己設計的計畫去做。照你所計畫的，從大學畢業；照你所計畫的，加入國軍行列去見識這個世界。千萬不要讓任何人、任何障礙或狀況阻擋你為自己和家人準備更好的生活，因為如果你這樣做，你一定會後悔的。專心投入在「現在要怎麼辦？」，只用積極正向的思考來持續尋找和回答這個問題。當你對於發生的事情感到沮喪或快樂時，請一遍又一遍一地說這句話：「現在要怎麼辦？」讓這幾個字啟動你的思考，想清楚你的下一步要如何朝實現你的夢想前進。從現在開始，你不能再怪罪其他人，一切都操之在你。那又怎麼樣？現在要怎麼辦？

二〇一三年畢業班，夢想大一點，並且認真努力實現你的夢想。好好研究你的夢想的每一個面向，堅定相信你的夢想一定會成真。當你的夢想真的成真時，請記得幫助其他的人。

最後，請明瞭我相信你們每一個人，那也就是為什麼我總是要求你們每一個人都要有最傑出的表現，我期望你們所有人都能發揮你們最大的潛力，我期望你們每一個人都是你們家庭、社區和國家的福氣。而且，我只期望你能夠快樂。

如果你記不住我今天晚上對你們所說的全部內容，至少請記得「那又怎麼樣？現在要怎麼辦？」這句口號，它會幫助你想起這個美好夜晚的臨別贈言。那麼，閒話少說，這一年來，我都用同樣的方式結束非常多次的校園廣播，就讓我用同樣的話來結束我最後的廣播……

學生大聲的尖叫，並且流下了眼淚。

記得——如果今天沒有人告訴你他們愛你，記得我愛你，而且我會永遠愛你。

恭喜，二〇一三年畢業班！

就像這一個學年，我們在恐懼中開始這一個月；但是過了一個月又一個月直到這一刻，我們滿懷希望地結束。為什麼呢？因為愛會強迫你去擁抱希望，而且那也是我們最偉大的成就：展現給學生和教職員們知道，他們是被愛與被重視的。

想想你的領導力

愛能讓組織成功。愛你的工作，愛一起工作的人們，愛你們工作的目的。

留意檢視：你對於組織每個層面的愛：人們、目的和可能性。

給你的問題：

- 你愛你的工作嗎？你重視這其中的人們嗎？
- 你是否明顯、清楚地展現出你對組織每個層面的愛？

24 勇氣 Courage

該是教職員收拾行李準備過暑假的時候了。不過，有許多人是收拾行李要永久離開了，他們成功地撐過這一年，但並不想要簽約繼續下一年的工作。其中也有不少人是被要求離職的，因為他們的行為無法配合學校的願景：盡一切所能把莓屋高中變成最好的學校。我們同時也收到消息，因為缺乏州政府經費的支持，二〇一三到二〇一四這個學年必然會更加艱難。就算先前上級承諾我們成為新的「希望學院」將會得到更多資源，但結果發現，我們因為這個標籤而收到的唯一東西是，我們有權可以釋出百分之五十我們不想續聘的職員，以及針對教師也可以採用同樣的政策。沒有額外的經費補助來支持學校需要的課程計畫，讓我們可以在前一學年的基礎上繼續建設學校，因為我們並沒有豁免在州政府經費刪減的範圍之外。這些經費的刪減導致於我們失去了許多重要職位的人員，我們失去了一位諮商輔導員、一位副校長、八位走廊監督員、兩位衝突解決專家、一位風紀管理師以及幾個教師的位置。二〇一三到二〇一四學年看起來真是可怕。對大部分的人來說，用現有的資源來做目前學校的工作已經是非常困難了，在沒有這些資源的狀況下要做到相同的工作簡直就是無法想像。但對我來說，這只是另一個必須克服跨越的柵欄，改變中的動態系統需要全新的設計，基於當下所擁有的資源來重新設計。身為領導者，我深感憂慮，但仍然堅守著我的任務和使命：保護每個人的安全，教育學生，以及提供他們未來的希望。如果必須用較少的資源來做到這些事，那就必須用較少的資源來做到這些事，但目標是相同的。對於莓屋高中為什麼不能持續向前邁進，我沒有任何理由藉口，我就是必須領導，必須負起責任找到解決辦法。

教職員們陸續走進一〇四室，參加我們這一學年最後一次的教職員會議。我感謝他們所有人的辛勞工作，並且祝福那些即將離開的人順利找到他們的下一個工作。我提醒他們這個教育工作的急迫性，而且這個工作必須做到的就是確保孩子們有所學習，尤其是生活在貧窮當中的孩子們。對於為了讓莓屋高中變成一所真正的學校，而壓在教職員身上的所有繁重的工作，我並不覺得抱歉，而且我力勸他們要把在這裡學到的有關教、學和建立關係等技能，帶到新的工作場所去。

對於那些將會繼續留在莓屋高中的教職員，我提到未來艱困的時局，並且感謝他們願意繼續推進我們目前已達到的進展。我大概敘述了所有教職員名額上的刪減，但提醒他們我們不會往後倒退，學生們會持續來上課，他們會持續承擔他們行為的後果，他們會持續修完必須的二十三點五學分才能畢業，還有，我們的全校行為規範制度仍然會貫徹執行。我們會持續諄諄教誨學校的核心價值，並且要求他們要持續不輟地上學。榮譽課程計畫仍會維持紮實的內容；英語文學和數學課仍然維持男女生分開上課；教師們還是要繼續把教與學擺在第一位；另類替代教育計畫會繼續辦理；我們的橄欖球隊還是會很強大，而且我們會持續督促學生懷抱希望、追求更好的生活。會議結束的時候，我說：「祝大家有個很愉快的暑假，我們九月見。最後，簡而言之，感謝你們所做的一切。」

二〇一三年暑假，當我坐在藍色領導椅上時，我們收到消息，莓屋高中已經從持續危險級學校名單上移除了，這是五年來的第一次，而且我們的測驗分數也稍微提高了。

以我們目前教師的困難挑戰來說，這真是無法估量的成就。這些資料確實證明我們已經打好學校的基礎了。不過，就算這些是偉大的成就，我們並沒有為這個消息感到歡欣雀躍，我們覺得那是給其他人慶祝用的，相對的，我們慶祝的是希望的徵兆：能夠顯示學生們正在成功之路邁進的種種行動。每當學生說出像這樣的話：「我現在懂了」、「我想上大學」和「現在我了解堅持毅力是什麼了，因為我現在都搭長途巴士去上大學，就是這樣的體驗讓我了解了。」當學生能夠說出他沒有訴諸暴力打架來解決問題：「面對這次的爭執，我走開了，因為我不想被停學。」或是當學生能夠清楚說出為了成功他們需要什麼協助：「我想要畢業，但是沒有人可以照顧我的寶寶——你可以幫忙嗎？」；「我的老師們沒有給我足夠的家庭作業。」；「請不要再打電話給我媽媽，我會做對的事。」；或是說「我很抱歉」當他們傷害了某個人，以及「謝謝你」當某個人替他們做了某件事情。這些是我們會慶祝的——學生們在人格和作為上的改變。

我們知道，對我們的學生來說，這些成果會帶領他們好好走過他們接下來的人生。至於標示在州測驗結果上的「精熟」或「優異」的標籤，就如學生們說的：「那是給學校的」，但這一課課的生命教育是給他們的。

我們更進一步慶祝從羅德斯高中來的女學生以及從費茲西蒙斯高中來的幾位學生的畢業成就，他們因為整併方案而被迫轉到莓屋高中，但是他們仍然希望畢業證書封面能夠印上羅德斯高中或費茲西蒙斯高中的校名。一開始，我很猶豫是否應該同意他們的請求，但是為了實現他們的願望，同時也為了堅守傳統，我給了他們兩種封面的畢業證書。我們也對其他很多的特殊成就感到很驕傲，我們慶賀那位從青少年管訓機構轉過來的學生，當時他想要加入橄欖球隊，但現在他想要上大學。我們慶賀那位當初暑假被媽媽拖進來學校的學生，現在每一天都來上學。當那位在街角被槍擊的學生活了下來，並且從另一個高中畢業的時候，我們大大地鬆了一口氣。我們慶祝停學次數下降，因為它代表學生是為了正確的理由來上學，而不是只想要來尋求權力或霸凌騷擾其他人。我們慶祝這所學校乾淨又美麗，能夠提供暖氣和燈光照明，讓學生能夠好好學習。我們慶祝能夠把鐵鍊從前門拿下來，讓我們的學生、教職員、家長和訪客能夠有尊嚴的進入學校。我們慶祝我們戰勝了所有的反對力量，讓我們學校能夠繼續開放，也慶祝我們收到了更多幫助我們的資源。我們慶祝我們贏得五十年來的戰鬥，能夠給鄰近社區的學校設立一支橄欖球隊，這樣他們就不用被迫離開社區去尋找有球隊的學校。我們慶祝能夠拿掉置物櫃上的鍊條，讓學生可以使用置物櫃，而不必帶著外套和所有個人物品坐在教室裡。我們慶祝我們的學生不必帶著恐懼來到學校。我們慶祝我不用再使用大聲公擴音器，現在學生都可以大聲又清楚地聽見我的聲音。我們慶祝我們擁有天下無敵的最佳領導團隊。而且，最重要的，套句歐巴馬總統的話，我們慶祝無畏的希望！

我經常被問到：「你是怎麼讓學生們遵守你的制度的？」我回答說這很簡單，其實他們都在等待著一個制度；他們希望有一個人能夠為他們的學習和行為設定期望目標；他們希望有一個人能夠確保老師們會教導他們，而不是把他們丟到走廊上罰站；他們都在等待著有一個人能夠幫助警方看清楚他們不全是罪犯；他們希望有一個人會在他們缺席的時候，打電話到家裡詢問狀況；他們希望有一個人會為他們的行為設立獎懲後果；他們希望有一個乾淨的學校，有暖氣和燈光照明；他們希望能夠像所有的美國孩子一樣，使用置物櫃；他們希望跟所有的大人建立起正向的關係，包含警察。在內心深處，他們都擁有一個夢想，但是很害怕跟人分享，因為沒有人在那裡聆聽他們的心聲。他們都在等待著一個不管他們因為生活在貧窮中所造成的問題和行為，仍然深愛著他們的人。

我的團隊和我，因為擁有勇氣和願景，為這些最需要希望的孩子們，造就了這一切的可能性。我們並沒有草率輕忽我們的領導能力。

我的孩子們想要得到其他每個孩子都想要得到的東西：相信他們的大人，願意幫助他們的大人，對他們有所期許的大人，以及深愛他們的大人。我知道，當你看著青少年，他們好像已經長大了，並不需要這些東西，但實際上，他們是最需要這些的。他們這個年紀剛好處於成人和兒童之間，是最容易遭到誤解的年紀。他們需要大人的指引，以避開這世間的邪惡壞事。他們需要周遭的大人有勇氣去理解他們，有勇氣去跟他們說話，有勇氣看得更深更遠、超越第一眼所看到的壞印象，有勇氣去引導他們的人格發展，也有勇氣要求其他的大人對他們做出正確的事。領導者需要勇氣，才能讓整個組織發生真正的改變。

想想你的領導力

你，領導者，為了領導翻轉組織的任務，必須擁有勇氣。沒有勇氣，什麼改變都不會發生。每一個想要維持現狀的人都會在大大小小的地方測試、考驗你。有時候，恐懼會滲透進來，你必須一直思考你的終點線、最重要的目標是什麼，你必須堅定不移，並且不計任何代價、願意窮盡一切的努力，以走到終點、達成目標。你必須要有周全的準備，清楚地陳述眾人要如何運用你「蓋章認可」的計畫來走完這長途的旅程。擁有勇氣是很難的，勇氣是許多領導者跌倒失敗之處。很多時候，你必須做出不得人心、不受歡迎的決定，但如果這是完成任務所需要的，你就必須做出決定。幸運的是，贏或輸都掌握在你的手裡，你大可以堅強無畏地領導，勝利是需要很多勇氣的。

留意檢視：你領導的勇氣。

給你的問題：

- 如果做意見調查的話，你的員工會說你很有勇氣嗎？他們會舉出什麼例子來證明你很有勇氣？
- 你有勇氣做任何事情、窮盡一切努力來翻轉你現在領導的組織嗎？

25 目的 Purpose

二〇一三年九月初，在長長的暑假為了新學年開始而做了諸多準備之後，我受邀到賓州婦女大會（Pennsylvania Conference for Women）演講，這個年度會議每年會有一萬名的婦女前來參加。這一年，特別演講來賓是前國務祕書希拉蕊．柯林頓（Hillary Clinton）和國務卿瑪德琳．歐布萊特（Madeline Albright）。

我從來沒在會議中擔任過演講者，更別說是專題主講人，所以我的第一個反應是想婉拒這項邀請，不過，我反而是請他們給我一點時間考慮一下。我原本打算要拒絕這項邀請，直到我跟某位老師提起了這件事，她說：「如果你自己都做不到，你怎麼經常跟學生們說你們要大膽嘗試、奮力一搏？」在長久、認真地思考了她的回應之後，我聯絡這個會議的籌辦人員，讓他們知道我接受他們的邀請。我被告知我只有七分鐘可以演講，那對我來說是剛剛好，但是我要怎麼在七分鐘內說出重要的內容呢？我經歷了許多失眠的夜晚，努力思考我要在殷殷期盼著看到前國務祕書希拉蕊・柯林頓而不是琳達・克萊特—威曼的幾千位婦女面前說些什麼。

在準備演講時，我再一次回憶我的領導旅程，思考我是如何走到現在這個位置的。我開始回想上帝的旨意，祂從「你去！」開始引領我走到現在計畫在幾千人面前演講。我問我自己，是什麼樣的機會讓我因為聽到一個聲音就離開我原本喜愛的工作，去領導一個持續危險級的學校；去擔任三所學校的校長，後來這三所學校又整併成一所學校；讓黛安・索亞選擇了莓屋高中當作特別節目的拍攝學校，導致各界的支持協助如雪崩般不斷湧進學校；讓德瑞克和米克・米爾用多元的方式支持學校；一直到現在，擁有機會跟希拉蕊・柯林頓同臺，對廣大的會議群眾演講。到底是什麼樣的機會？基於所有這些不平凡的境遇，我知道不論我想傳達的是什麼樣的訊息，它都是受到上帝神聖的啟發。

當我站在後臺等待著被介紹出場時，我從簾幕後面偷偷張望，看到了幾千位婦女坐在那邊，準備要享用午餐。我的第一個想法是趕緊逃出這棟建築物，但是我坐下來，試著讓自己鎮定下來。我假裝我正坐在辦公室的藍色領導椅上，那張椅子有種神奇魔力，在許許多多艱難的日子裡，它讓我放鬆下來，集中注意力。每當我從那張椅子站起身來，我總是有了答案，也有信心去面對任何的挑戰。

當我聽到其他演講者在練習演講的笑聲時，我開始放鬆了一點點。我並不打算要做那樣的練習。我的七分鐘演講，花了我好多、好多小時來撰寫內容，我最不想做的事情就是在上臺之前質疑我最初的想法。擺在我面前、書寫在紙上的文字，就是我上臺應該要說出來的話語。我百分之百確定。

當我變得越來越放鬆，我就想到越來越多關於領導能力的種種以及它對任何組織是有多麼重要。我的「如果你要領導，就好好領導」的態度，「那又怎麼樣？現在要怎麼辦？」的樂觀主義，以及我為了激勵孩子們自我實現的校園廣播的最後一句話——我的愛的口號：「如果今天沒有人告訴你他們愛你，記得我愛你，而且我會永遠愛你。」讓我今天站上這個位置。但是，這些經驗的意義究竟是什麼呢？難道上天細緻安排的這趟領導之旅，只是為了拯救我的學生的生命？或者，它其實是要以一種我未能預期的方式，進一步發展我的領導者角色？在這次上臺演講的經驗當中，莫非隱藏著另一個翻轉領導的寶貴一課？

在被叫上臺之前，我的腦海裡盤據著一系列我要用來傳達溝通成功領導必須具備的能力的詞彙：展望、發現、選擇、適應、整合、推出、揭幕、實施、擴大、準備、膽量、尋求、聆聽、客製化、力量、堅持不懈、堅定不移、體認、信心、影響力、可能性、重視、勇氣和目的。在英文字典幾千幾萬個詞彙裡，這些是在學校轉型的路上激勵和啟發我的詞彙，這些詞彙能夠幫助每個學校變成真正的學校，充滿著希望與愛。每個詞彙都給了我所需要的方向和能量，讓不可能的任務變成可能。每個詞彙都代表著一個故事，可以打開一扇窗，看見我的領導之旅。獨立說出每一個詞彙會帶給我整個人一種難以言喻的感覺，每個詞彙都代表了一種力量與感受。勇氣是這一系列的倒數第二個詞彙，但卻是讓其他所有詞彙發生的第一個詞彙，尤其是最後的那個詞彙，目的。當我從想像的藍色領導椅的溫暖懷抱裡站起來的時候，我不斷在腦中說著「勇氣，勇氣，勇氣」這個詞彙。每一次我重複說出這個詞彙，我可以感覺到它的力量緩解了我對於自己為何在這裡的目的的質疑。

當我即將被介紹出場的時候，我可以聽到幾千位婦女突然沉靜下來。我無法相信這麼龐大的一群人在吃飯的時候可以這麼安靜！我的心開始砰砰跳了起來。沉靜無聲地，我開始祈禱：「上帝，這些是你要給予你的子民的詞彙，請賜給我力量，讓我能夠正確地說出來。」然後，他們播出了一段《夜線新聞》特別節目的影片，我可以從後臺看到它。在這麼大的螢幕上看到我自己的故事，讓我忍不住熱淚盈眶。我凝視著我的孩子們的臉龐，告訴我自己這一切都是值得的：多少小時的準備，那些挫敗，那些威脅，那些眼淚，那些對抗衝突，以及離開一個我愛的工作，在看到孩子眼中的希望時，全部都是值得的。接著，影片結束了，我從簾幕後面走出來，我已經找到勇氣敢抬頭看著所有一萬名的婦女站起來，向我，琳達・克萊特－威曼，一位校長，起立鼓掌致敬。在害怕恐懼和許多眼淚當中，我開始了我的七分鐘的演講。

我盡我所能地在短短幾分鐘內描述完你在這本書裡讀到的校長旅程，從受到感召呼喚去莓屋高中，到體認到如果我的學生活在絕望當中，他們就無法學習，到我下定決心要重新喚回學生的希望並且帶給他們每件事都是有可能達成的感覺，到《夜線新聞》特別節目以及從世界各地湧進來的支持協助。最後，我以這些想法作為結束：

在結束前，我想說的是，當受邀來參與這個會議時，我的第一個想法是：這不是真的。為什麼會有人想要我，琳達．克萊特—威曼，跟希拉蕊．羅德翰．柯林頓同臺演講呢？我只是一位校長。

然後，在清晨的微光之中，我的信仰提醒我，上帝會運用人類，像我，來成就**祂**所有的目的。

所以，在經歷過許多內在靈魂搜尋和許多祈禱之後，上帝揭露了我今天在這裡的真正目的，那就是提醒現場**每一位**擁有受人尊敬的地位的女士們，**你們**擁有力量、權勢、影響力、作用力、吸引力、聲音、主導力以及管轄權——能夠行動或產生影響力，讓世上的人了解美國這個國家必須投資**所有**孩子的教育，如果它想要維持它是世界上最富裕的國家的地位的話。

你們能夠自主決定要如何運用你們的力量來提醒你們所認識的每一個人，「**所有的**孩子」包括了像我學校的學生那樣的孩子：生於貧窮家庭的孩子，無家可歸的孩子，曾經進監獄並且迷失方向的孩子，罹患心理疾病卻沒有受到心理健康照護的孩子，有各式各樣特殊需求的孩子，以及大膽做夢的孩子。

請提醒你們所認識的每一個人，孩子不應該因為他們的出身貧窮而被眾人怪罪，孩子並無法選擇他們的父母或他們居住的社區。但是，我們也別忘記，身為美國的公民，他們有權利被給予一個公平的機會，過著美好光明與多彩多姿的生活，而那樣的生活始於優質的教育。就如約翰．杜威（John Dewey）曾經說過的：「教育不是生活的預備，教育是生活本身。」

所以，我要再度強調，我來這裡是要告訴某些人，並且提醒其他人，你們是改變遊戲規則的人。因為**你們**存在於這個世界上，所以對孩子來說任何事都有可能。請記得可能性是什麼──它是能夠讓某個人或某件事在未來變得更好的能力或特質。你們有能力、有力量讓所有的可能性變成真實。

你們可以造成改變。所以，請認真嚴肅地看待你們的角色。

當離開這次會議的時間到了的時候，請回到你們的城市和鄉鎮，伸出援手去接觸像我學校的學生一樣的孩子。他們散布在各個地方，這些在成長的路上失去了希望的孩子。把他們找出來，跟他們聊聊談談，並且提醒他們他們會沒事的，因為你們存在這個世界上，迫不及待而且已經準備好要幫助他們走上人生的旅程。

馬丁．路德．金恩博士曾經說過：「每個人都擁有變得偉大的力量——不是變得有名望，而是變得偉大，因為偉大取決於貢獻與服務他人。」

謝謝大家！

當我走出舞臺，我受到了另一次的起立鼓掌致敬。我唯一能做的就是哭泣，我的情緒非常激動，因為上帝給了我這個任務和領導莓屋高中的任務，以我的全部所有，身體和情感的全部所有，來領導莓屋高中。大家對於這七分鐘演講的反應，出乎意料之外地熱烈，底下的觀眾每一個人都了解了我想傳達的訊息，它被解讀為行動的召喚，一起行動來幫助全世界的孩子，但主要是美國的孩子。這是受到上帝神聖啟發的訊息，正如我所預測的一樣。

觀眾的反應解答了「我為什麼在這裡？」的問題。我會在這裡是為了提醒她們青少年學生的狀況，像我的學生一樣的學生。青少年時期的孩子需要愛與支持來讓他們的夢想成真。當他們已經不再是小寶寶，並且擁有大人的個性和強烈的意見時，我們經常忘了他們還是孩子，躲在許多恐懼後面的孩子。當我們花時間去認識和了解他們的時候，我們會發現他們想要的東西都是一樣的：真正**關心**和**在乎**他們是誰、他們是什麼樣子的

人。如果我們想要擁有一個更和平美好的美國的話，那麼高中學生需要的是耐心、愛、理解、不評斷、結構秩序、行為後果處分、獎勵、接納，以及一個大膽做夢的理由。所以，莓屋高中是一所持續危險級的學校嗎？不，它不是。它是持續被忽略的學校，而且就像黛安．索亞來拜訪我的時候，非常沉痛指出的事實：犯罪、暴力和無希望感，都是因為這些青少年長期被忽略與生活在貧窮當中所造成的。但今天，莓屋高中的學生擁有希望，所以請千萬別低估希望的力量。

那麼，回答我所提的另一個問題：「難道上天細緻安排的這趟領導之旅，只是為了拯救我的學生的生命？或者，它其實是要以一種我未能預期的方式，進一步發展我的領導者角色？」我的結論是這趟領導之旅是為了提升我們每一個人。它是為了提升我的學生，讓他們遠離絕望；它是為了提升我，讓我脫離我對於自己可以成為什麼樣的人的狹隘思考，在專業的角色和個人的期許上都往上提升。這趟旅程是上天設計來讓我看到目的與目的之間的連結，引領我越來越接近我為何被創造出來的目的。回首看看你自己的領導旅程，你看到任何的連結嗎？所有這些連結帶領你走到哪裡？誰會知道我在學校裡的那些廣播內容是為了讓我預備好運用我的聲音，去告訴更廣大的聽眾要好好聆聽全國各地像我的學生一樣的學生的哭喊？我是一個傳訊者，也是一個領導者，被仔細地安排在這個位置上，好提醒其他人：平凡的人們是有需要的人們的生命線，我們每個人都可以幫助有需要的人獲得成功。因此，「服務」和「意義」是最後要再加上的兩個詞彙，可以圓滿、完備我這一系列用來傳達溝通成功領導必備能力的詞彙。今天，我運用我的這些詞彙來對商業界、非營利組織和教育工作者演講，希望他們能善用他們的領導位置來服務和影響他人，一起支持他們社區裡需要幫助的青少年，他們需要我們所有的專業能力去引導他們以積極正向的方式來看待人生。最後，我提醒領導者，如果他們真的想要讓他們的組織成功，他們必須有方法找到一個真正需要他們付出奉獻的理由，並且看著他們所觸及的每一樣事物都變得成功。

在那場演講之後的日子裡，莓屋高中獲得了它所需要的每一樣資源。那場會議裡有許多婦女都是商業界的領袖，她們把力量和影響力的訊息放在心上，許多人也因此貢獻、付出了她們的時間和資源。因為她們的慷慨付出，更多孩子能夠上大學，而且學校也增加了超過四十個以上的新課程計畫。要教養一個貧窮孩子，真的需要整個村落的人同心協力。我的領導之旅是行動的召喚，服務的召喚。而且，因為有那麼多人回應支持莓屋高中的召喚，所以它已經不再是持續危險級或持續被忽略的學校了。

而現在，該是我對你說「謝謝你」的時候了，謝謝你跟我一起走過這趟領導之旅。我真誠希望，我所選擇的詞彙以及我透過真實經驗所提供的例子，能夠帶給你一些洞見去看待你的領導挑戰，並且觸發一些解決問題的方法。領導是困難的，領導會讓人害怕，領導也會帶給你喜悅。但領導力真正的本質是成功達成你的任務和使命，服務其他人，以及運用你的影響力讓好事發生在沒有辦法發聲的人們身上。如果你能保持專注在這三大成果上，你的領導力將會帶你到達全新的高度與境界。

當我的思緒飄回到二〇〇三年，當時我的領導之旅才剛開始，我可以看見那本展示所有辦公桌椅的型錄。我仍然在想為什麼我會選擇藍色當作我的領導椅的顏色。在那場演講的隔天，當我等待著學校的一天展開時，我決定上 Google 網站查詢藍色象徵什麼，我看到了一些詞彙，像是「創造力」、「穩定」、「聰明」、「忠誠」、「長處」、「智慧」、「誠心誠意」、「信任」、「力量」、「權威」、「尊嚴」、「知識」、「信心」和「天堂」。它們全都可以當作我那一系列領導力詞彙的同義詞。信不信由你，我還看到了一些語句，比如：「它喜歡以它自己的方式來做事」，「在艱難的時刻，你可以信賴它會掌控全局和做出正確的事」，以及「藍色代表的是一對一的溝通，尤其是運用聲音的溝通——透過口語的自我表達來說出真理——它是老師，公眾演說家」。當我閱讀著這些詞句，我唯一能做的就是微笑。這就是為什麼上帝會指引我選擇藍色的原因了。藍色代表的是我的目的和使命。藍色代表著我每一天展現的領導力類型。藍色代表上帝。我希望我的領導能力永遠都是示範彰顯祂的旨意與願望。

國家圖書館出版品預行編目 (CIP) 資料

無畏的領導，堅定的愛：一位美國高中校長翻轉教育的成功故事／琳達・克萊特－威曼 (Linda Cliatt-Wayman) 著；侯秋玲譯. -- 初版. -- 臺北市：遠流，2020.01
面； 公分. -- (大眾心理館；A3360)

譯自：Lead Fearlessly, Love Hard : Finding Your Purpose and Putting it to Work

ISBN 978-957-32-8716-2（平裝）

1. 校長 2. 領導 3. 中等教育 4. 學校管理

524.68 108022932

大眾心理館 A3360

無畏的領導，堅定的愛

作　　者　琳達・克萊特－威曼（Linda Cliatt-Wayman）
譯　　者　侯秋玲

副總編輯　陳莉苓
特約編輯　丁宥榆
封面設計　黃淑雅
行　　銷　陳苑如

發 行 人　王榮文
出版發行　遠流出版事業股份有限公司
100 臺北市南昌路二段 81 號 6 樓
電話／ 02-2392-6899・傳真／ 02-2392-6658
郵政劃撥／ 0189456-1
著作權顧問　蕭雄淋律師

2020 年 1 月 16 日　初版一刷
售價新臺幣 350 元（缺頁或破損的書，請寄回更換）

YLib 遠流博識網 http://www.ylib.com e-mail:ylib@ylib.com

Lead Fearlessly, Love Hard:

Finding Your Purpose and Putting It to Work